Spielgeschichten

Wir reisen ins Bewegungsl

Gisela Stein

Spielgeschichten –

Wir reisen ins Bewegungsland

Meyer & Meyer Verlag

Spielgeschichten
– Wir reisen ins Bewegungsland –

Bibliografische Information der Deutschen Bibliothek
Die Deutsche Bibliothek verzeichnet diese Publikation in der Deutschen Nationalbibliografie; detaillierte bibliografische Details sind im Internet über <http://dnb.ddb.de> abrufbar.

Adelaide, Auckland, Budapest, Graz, Johannesburg, Miami, Olten (CH), Oxford, Singapore, Toronto
Member of the World Sportpublishers' Association (WSPA)
Druck und Bindung: Finidr s. r. o., Ceský Těšin
ISBN 3-89124-979-9
www.m-m-sports.com
E-Mail: verlag@m-m-sports.com

Inhalt

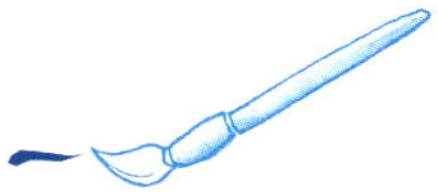

GRASS
Samen

Vorwort

Die Freude an der Bewegung ist eines der hervorstechendsten Merkmale, die wir mit gesunden Kindern in Verbindung bringen. Diese Bewegungsfreude ist aber nicht einfach nur Selbstzweck, sondern sie erschließt dem Kind Erfahrungsräume, die es zur Entfaltung seiner motorischen, sozialen, emotionalen und kognitiven Entwicklung braucht. Kinder machen sich die Gegebenheiten ihrer Umwelt über die Bewegung zugänglich, denn sie entdecken mit ihrer Hilfe Beschaffenheit, Eigenschaften und Eigenarten der Dinge und Menschen, die sie umgeben.

Bewegung ist für ein Kind aber auch unverzichtbar für die Entwicklung und den Erhalt einer körperlichen, sozialen und geistigen Gesundheit, denn Gesundheit ist nach der Definition der Weltgesundheitsbehörde (WHO) nicht nur die Abwesenheit von Krankheit und Gebrechen.

Seit geraumer Zeit wird es für Kleinkinder leider immer schwieriger, wenn nicht sogar unmöglich, in ihrer näheren Umgebung selbstständig auf Entdeckungsreise zu gehen, denn in den meisten Gegenden engen Verkehr und Verbote den kindlichen Lebensbereich derart ein, dass ein aktives Erkunden und Begreifen der Umwelt kaum noch möglich ist. Hinzu kommt dann noch ein wachsender Medienkonsum, der nicht nur die Erfahrungen aus erster Hand verdrängt, sondern auch eigenständige Aktivitäten immer mehr unterbindet. Dies alles führt dazu, dass sich die Zahl der Kinder, die schon im Kindergartenalter durch Konzentrationsmängel, mangelnde Bewegungserfahrungen, aggressives Verhalten und Defizite in der Fähigkeit, Reize gezielt wahrzunehmen, ständig erhöht.

Dass außerdem bei vielen Kindern im Kindergarten- und Grundschulalter vermehrt eine verzögerte Sprachentwicklung auftritt, wird durch Untersuchungen von Fachärzten bestätigt. Immer weniger Eltern nehmen sich die Zeit, ihren Kindern etwas zu erzählen, vorzulesen oder sich einfach mit ihnen zu unterhalten. Die Verweildauer vor dem Computer, dem Videogerät oder dem Fernseher ist in vielen Fällen bedeutend länger als die Zeit, die

Eltern ihren Kindern schenken. Durch die Verweildauer vor dem Bildschirm werden aber zum einen die Chancen vertan, sich mit dem eigenen Kind zu unterhalten und dabei Dinge zu erfahren, die das Kind ängstigen oder die es nicht verstanden hat, zum anderen aber fehlt diese Zeit auch, um gemeinsam mit dem Kind auf Entdeckungsreise zu gehen und interessante Dinge in der Umwelt zu erleben. Max und Nina sagen, dass das Dumme am Fernsehen ist, dass man so lange still sitzen muss, um alles mitzukriegen.

Mit den Spielgeschichten möchte ich einen Beitrag dazu leisten, dass Kinder Themen aus ihrer Erfahrungswelt fantasievoll in Bewegung umsetzen und emotional verarbeiten können. Diese Geschichten eignen sich sowohl für das Umsetzen in den Kindergruppen der unterschiedlichen Träger, die sich mit Bewegung im Vorschulalter und in den ersten Grundschuljahren beschäftigen, als auch für alle Personen, die im häuslichen Bereich diese Geschichten mit ihren Kindern spielen und erleben möchten.

Bei den Rückengeschichten handelt es sich um Körpermassagen, bei denen Entspannung und der eigene Körper auf eine neue, kindgerechte Art erlebt werden. Sie können sowohl mit einem gleichaltrigen Partner in der Spiel- oder Turngruppe als auch von Mutter oder Vater, Oma oder Opa auf den Rücken der Kinder geschrieben und von ihnen lustvoll erlebt werden.

Die liebevollen Illustrationen von Kathrin Klotzki-Progri machen das Buch zu einer Lektüre, die man gern gemeinsam mit den Kindern durchblättert und die dabei zum Vorlesen oder besser noch zum Spielen der einen oder anderen Geschichte verführt.

Viel Freude bei allen Reisen ins Bewegungsland
wünscht Gisela Stein

I Einführung

Was sind Spielgeschichten?

„Erzählst du uns heute wieder eine Geschichte?", fragen mich Max, Nina und Axel, als wir uns vor der Tür zu unserem Turnraum treffen. Sie lieben es, kleine Geschichten zu spielen. Sie lassen sich begeistert mit in das Land der Fantasie entführen und schlüpfen dort nur allzu gern in ganz unterschiedliche Rollen, in denen sie sich zum Teil verbotene (z. B. selbst ein Auto lenken) oder unerreichbare Wünsche (ein wildes, gefährliches Tier sein) erfüllen und wo sie Spannungen abbauen können.

In einer Zeit, in der immer häufiger auf Bewegungsdefizite von Kindern aufmerksam gemacht wird, wo Sportwissenschaftler und Mediziner warnend und übereinstimmend darauf hinweisen, dass Kinder viel zu lange sitzen, dass sie durch den übermäßigen Konsum der Angebote in den Medien in ihrer gesunden Entwicklung beeinträchtigt werden, sollte jede sich bietende Möglichkeit genutzt werden, um Kindern erlebnisreiche Reisen ins Bewegungsland zu ermöglichen. Dies kann auf eine kindgemäße und interessante Weise durch das Vorlesen oder Erzählen von speziell dafür erdachten Geschichten geschehen, die Kinder zwangsläufig in Bewegung bringen. Es sind erzählte Erlebnisse, die in der Vorstellungs- und Erfahrungswelt der Kinder spielen und die von ihnen mittels ihrer Fantasie und Kreativität in Aktionen umgesetzt werden können.

Warum sind Spielgeschichten notwendig und wertvoll?

Kinder erobern sich ihre Umwelt im Spiel und erwerben dabei konkrete Erfahrungen über natürliche Zusammenhänge, unbekannte Gegenstände und ihnen begegnende Personen. Sie setzen sich mit allem auseinander, was sie selbst erleben. Für die Einordnung dieser neuen Erfahrungen ist es für sie wichtig, dass sie diese selbst im Rollenspiel nachvollziehen. Diese Rollenspiele haben eine andere Qualität als bloßes Nachahmen der Erlebnisse,

sie sind vielmehr die körperliche und gedankliche Auseinandersetzung der Kinder mit dem Geschehenen, das sie sich über die eigene Bewegung erschließen. Dabei spielt die Fantasie eine wichtige Rolle, denn mit ihrer Hilfe werden Sinneseindrücke und Erlebnisinhalte so kombiniert und umgestaltet, dass bei den Kindern eigene Vorstellungsbilder entstehen. Sie legen sich die Dinge nach ihrem Vorstellungsvermögen zurecht und machen sie sich zu Eigen. Die Spielgeschichte kann helfen, diese Rollenspiele zu initiieren. Der Vorlesende oder Erzählende nimmt die Kinder mit auf eine fantasievolle Reise und motiviert sie, die Handlung in Bewegung umzusetzen.

Aber noch ein anderer Gesichtspunkt lässt die Spielgeschichten immer wichtiger werden. Deutliche Anzeichen sprechen nämlich dafür, dass die Kommunikation zwischen Eltern und Kindern in den ersten Lebensjahren nicht mehr selbstverständlich ist und dadurch die Sprachentwicklung und das Sprachverständnis hinter einem wünschenswerten Niveau zurückbleiben. Dabei haben sich die Kinder selbst nicht geändert, sondern vielmehr der Umgang der Erwachsenen mit ihnen. Nur wenige Eltern nehmen sich genügend Zeit, um ihren Kindern etwas zu erzählen, um ihnen vorzulesen. An die Stelle der erzählenden und vorlesenden Eltern sind die akustischen Medien getreten. Das Einschalten des CD-Players oder des Kassettenrekorders nach dem Zubettbringen ersetzt immer häufiger die emotionale Zuwendung und die damit einhergehende Gelegenheit zum Reflektieren der täglichen Erlebnisse, zum Verarbeiten von Eindrücken und zum Austauschen neuer Erfahrungen. Somit entstehen Defizite.

Aber nicht nur die sprachliche, emotionale und geistige Entwicklung wird von den neuen Medien und den veränderten familiären Bedingungen beeinflusst, auch die motorische Entwicklung nimmt Schaden. Immer mehr Kinder weisen bei den Untersuchungen zur Einschulung Auffälligkeiten oder sogar Schäden in ihrer gesundheitlichen Entwicklung auf. Sie haben Haltungsschwächen, organische Schwächen, sind aggressiv und übermäßig aktiv. Es liegt also auf der Hand, dass Bewegung, emotionale Zuwendung und Sprachförderung zum täglichen Programm von Kleinkindern und Kindern im Vorschulalter gehören sollten. Reisen ins Bewegungsland bieten sich dafür an!

Für welche Altersstufe sind Spielgeschichten gedacht?

Die Altersgruppe der Vier- bis Achtjährigen eignet sich besonders gut für die Umsetzung von Spielgeschichten. In diesem Alter haben die Kinder ihre natürliche Bewegungsfreude noch nicht verloren, sie lassen sich gern etwas vorlesen oder erzählen und sind offen genug, diese Geschichten fantasievoll nachzuvollziehen.

Was muss ich als Erzählender beachten?

In den im Buch abgedruckten Geschichten sind kleine Sternchen (*) an den Stellen eingefügt, an denen eine Umsetzung in Bewegung möglich und vorstellbar ist. Immer dann, wenn ein solches Sternchen erscheint, sollte der Vorlesende ein längere Pause machen, damit die Kinder ausreichend Zeit haben, ihre Bewegungsvorstellungen umzusetzen und ihre Spielfreude auszuleben. Es ist wünschenswert, dass der Erwachsene die Gedanken und Beiträge der Kinder, die beim Vorlesen eingeworfen werden, beachtet und sie, wann immer es möglich ist, in die Geschichte einfließen lässt.

Das individuelle Erleben der Geschichten zieht eine persönliche Umsetzung nach sich und bewirkt somit innerhalb einer Gruppe unterschiedliche Lösungen. Die Lösungen sind im subjektiven Erleben der Kinder richtig und es gibt somit keinen Anlass, sie zu vereinheitlichen oder zu korrigieren.

Die Hilfen zur Durchführung am Ende einiger Geschichten sollen den Vorlesenden eine Vorstellung davon geben, wie eine mögliche Lösung an dieser Stelle aussehen könnte, für den Fall, dass die Kinder keine eigenen Ideen haben.

Generell gilt, dass immer dann, wenn kein Material verwendet wird, das Kind die Geschichte mit seinem eigenen Körper in Bewegung umsetzt, wird dagegen ein Gerät oder Alltagsmaterial empfohlen oder gewünscht, so verwendet man dieses in den meisten Fällen als Ersatz für Gegenstände, die in der Geschichte vorkommen.

Wo können Spielgeschichten gespielt werden?

Für das Spielen einer Spielgeschichte ist überall Platz. Zu Hause werden schnell ein paar Dinge zur Seite geräumt, um ausreichend Bewegungsraum zu schaffen. Im Kindergarten und in den Räumen von Spielgruppen steht immer ein Bewegungsraum zur Verfügung, die Übungsleiter in den Turn- und Sportvereinen und die Lehrer in den ersten Klassen der Grundschule haben ohnehin durch die vorhandenen Turnhallen hervorragende Bedingungen zur Umsetzung.

Bewusst habe ich aber auch die Spielflächen im winterlichen Gelände und im herbstlichen Wald mit einbezogen, denn Bewegung ist vor allem im Freien besonders wichtig und macht die Kinder mit neuen Erlebnisräumen bekannt.

II Spielgeschichten

Im Heißluftballon übers Land

Material: Keines.

Axel, Max und Nina haben heute etwas ganz Besonderes vor. Sie wollen mit dem Heißluftballon über Deutschland fahren und sich die Gegend aus der Luft anschauen. Ihr seid sicherlich genauso gespannt wie die drei, was sie von dort oben aus alles entdecken werden. Ach so, ihr wollt mitfahren! Aber natürlich, steigt bitte ein, haltet euch gut fest, es geht jetzt los:

Wenn man so hoch oben über der Erde dahinfährt, sieht die Welt ganz anders aus. Alles erscheint winzig klein und friedlich. Aber da, schaut einmal auf die Straße dort unten, ja, sind denn die Leute völlig verwirrt? Die Fußgänger gehen ja alle rückwärts*! Und guckt einmal, dahinten fahren ja auch die Autos verkehrt herum*! Irgendjemand scheint dort alle Lebewesen verzaubert zu haben, denn da gibt es auch Hunde, Katzen und Vögel, die total vergessen haben, wie sie sich eigentlich bewegen müssen. Sie laufen* bzw. fliegen* völlig abartig durch die Gegend. Die Hunde hüpfen zum Beispiel wie die Frösche*, die Katzen galoppieren wie die Pferde* und die Vögel nicken* beim Fliegen dauernd mit ihrem Kopf. Aber wenn ich das Ortsschild richtig deute, dann steht da **„IRRINGSHAUSEN"** drauf, und dann wundert mich gar nichts mehr.

Aber von hier oben können wir wirklich nichts an den Vorgängen da unten ändern, denn unser Ballon hat ja schließlich keine Bremse und die Fahrt geht immer weiter. Da deutet sich auch schon die nächste Überraschung an und wir kommen wieder aus dem Staunen nicht heraus: Da sind Menschen, die sich nur in Zeitlupe, also ganz, ganz langsam bewegen*. Ach ja, ich kann ausfindig machen, dass dieser Ortsteil **„TRÖDELSTADT"** heißt, und dann hat ja alles seine Ordnung. Ob die Einwohner wohl irgendwann einmal dort ankommen, wo sie hinwollen, denn man kann ja kaum erkennen, dass sie sich überhaupt vom Fleck bewegen. Im Schneckentempo schleichen* sie über die Straßen und Wege, heben ganz langsam einen Fuß hoch* und stellen ihn erst nach einiger Zeit vor den anderen*. Guckt mal, da hinten will sich jemand in sein Bett legen*. Was meint ihr, wie viele Stunden er braucht, bis er sich richtig ausgestreckt hat*? Und wie lange wird die Frau dort unten brauchen, um ihr Butterbrot aufzuessen*?

Schade, dass wir diesen Ort hinter uns lassen müssen, denn da gäbe es noch vieles zu entdecken. Aber es wartet ja schon wieder eine Besonderheit auf uns: **„STEIFLINGEN"** heißt das Dorf, über das wir jetzt hinwegfahren. Hier scheinen die Menschen starre und steife Arme* und Beine* zu besitzen und außerdem haben sie wohl einen Stock verschluckt*. Es sieht lustig aus, wenn sie sich die Hand zur Begrüßung geben* und dabei keinen einzigen Finger krumm machen*. Besonders witzig ist, dass sie eine kurze Zeit in ganz normalem Tempo stolzieren* und dann in solcher Eile durch den Ort marschieren*, als müssten sie so schnell wie möglich ein paar Kilometer schaffen!

Aber wir müssen nach vorn schauen, denn dort erscheint das nächste Dorf. Ich bin gespannt, wie es heißt! Aha, **„SCHLAPP-STADT"** kommt in Sicht. Die Leute hier machen den Eindruck, als ob sie überhaupt keine Kraft hätten. Sie schlurfen* und schleichen* aneinander vorbei, keinem von ihnen gelingt es, einen Fuß mehr als 10 mm hoch zu heben.

Ich habe wirklich Mitleid mit ihnen, denn sie wirken so, als müssten sie alle in Kürze zusammenbrechen.

Doch noch ist unsere Fahrt mit dem Heißluftballon nicht zu Ende. Nach eine paar Minuten erreichen wir **„MUCKIEBERG"**. Eine viele hundert Jahre alte Burg steht dort auf einem Berg und auf ihr leben nur Männer. Sie haben so enorme Muskeln, dass sie vor lauter Kraft kaum gehen können*. Man sieht immer wieder, wie sie ihre Arme beugen* und sich gegenseitig zeigen*, wie stark sie sind. Mit lautem Schreien* versuchen sie, sich gegenseitig Angst einzujagen. Uns können sie ja zum Glück nichts anhaben, denn zum Ballon gibt es keine Leiter, auf der man hochsteigen könnte. Trotzdem wird es uns ein wenig mulmig im Bauch und wir beschließen, in einem ruhigen und ungefährlichen Gebiet zu landen.

Nanu, irgendwie kommt uns die Gegend, in der wir angekommen sind, bekannt vor. Ach ja, von hier aus sind es ja nur ein paar hundert Meter bis nach Hause. Und die rennen wir, so schnell wir können*, damit uns niemand von den komischen Wesen, die wir eben beobachtet haben, erwischen kann.

Hilfen zur Durchführung:

Die Kinder schlüpfen jeweils in die Rolle der Bewohner des Ortes, über den sie gerade hinwegfliegen.

Zwei kleine Ausreißer

Material: Für jedes Kind benötigt man entweder einen Spazierstock bzw. einen Gymnastikstab oder einen Besenstiel.

Axel ist vor ein paar Wochen vier Jahre alt geworden und in seinem Kopf spuken tausend verrückte Ideen herum. Immer wieder möchte er etwas Neues ausprobieren, möchte viele spannende Abenteuer erleben und aufregende Entdeckungen machen. Für heute hat er sich etwas ganz Besonderes vorgenommen. Er will mit seinem Freund Max eine lange Wanderung machen. Den genauen Weg kennt er zwar nicht, aber das ist ihm völlig egal. Die Hauptsache für ihn ist, dass er ohne seine Eltern auf Entdeckungsreise gehen und dass er eine Menge aufregender Dinge erleben kann.

Abends, als es anfängt, dämmrig zu werden, stibitzt Axel heimlich Opas Spazierstock und schleicht* sich auf Zehenspitzen aus dem Haus. Nach einigen hundert Metern ist er sicher, dass ihn seine Eltern nicht mehr hören und sehen können. Nun geht er mutig mit großen Schritten* weiter. Tiptap, klick-klack, so klingt es, wenn Axel mit seinem Spazierstock durch den kleinen Ort, in dem er wohnt, marschiert*. Die Nachbarn von Axel stehen am Straßenrand oder hinter ihren Fenstern und schütteln mit dem Kopf, denn es sieht wirklich lustig aus, wie der kleine Axel mit dem viel zu großen Spazierstock die Straße hinunterstapft*. Am Ende der Straße hat sich hinter einer dichten Hecke der kleine Max versteckt. Max ist Axels bester Freund und er hat natürlich auch einen Spazierstock mitgebracht. Eigentlich ist jeder der beiden Buben für sich allein brav und folgsam, aber wenn die beiden zusammen sind, kann man sie kaum wieder erkennen, denn dann fallen ihnen immer wieder neue Streiche ein.

Nun haben sie es also heute endlich geschafft, einmal allein auf Entdeckungsreise gehen zu können. Sie begrüßen sich herzlich* und machen sich auf den Weg. Und weil man zu zweit immer ein wenig mutiger ist als allein, gehen sie mit großen Schritten* gemeinsam weiter. Mal stampfen sie mit ihrem Spazierstock fest auf den Boden*, ein anderes Mal ziehen* sie ihn wie eine Hundeleine hinter sich her. „He, Max, gib mir einmal deinen Spazierstock, damit ich mich besser stützen kann!" Lachend geht Max neben Axel her und schaut zu, auf welche Ideen er kommt, um mit zwei Spazierstöcken auf einmal zu marschieren*. Natürlich darf danach auch Max einmal beide Stöcke haben und ausprobieren, wie man damit gehen* oder hüpfen kann*.

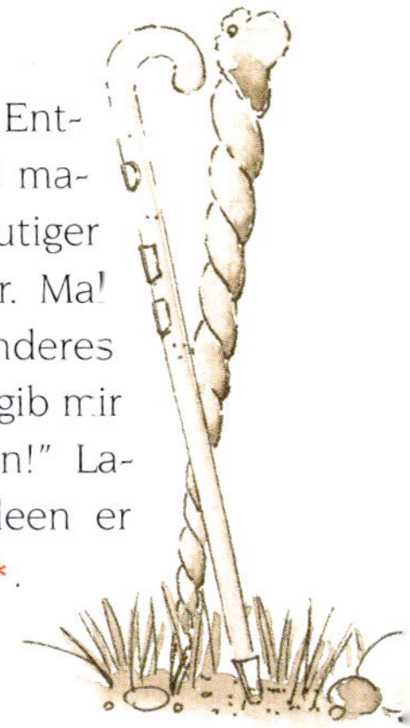

Bei so vielen witzigen Einfällen merken Max und Axel gar nicht, dass sie schon am Waldrand angekommen sind. Aber wie sieht es denn hier aus?! Ach ja, in den letzten Wochen gab es immer wieder starke Stürme und die haben, wie man sehen kann, im Wald Schaden angerichtet. Einige dünne Zweige, aber auch dicke Äste* liegen auf dem Weg. Das kommt unseren beiden Lausbuben gerade recht. Mit großen Schritten steigen* sie über die Äste und Zweige hinüber. Und bald schon springen* sie ausgelassen und fröhlich über die herumliegenden Hindernisse.

Wo man drüberspringen kann, da kann man auch drunter durchkriechen*. Natürlich muss einer der beiden Jungen dazu einige Äste etwas hochheben *, der andere robbt* oder krabbelt* unten durch, ohne mit dem Rücken oder Bauch anzustoßen. „He, ich will das auch versuchen, jetzt musst du einmal die Äste hochhalten!" „Kein Problem, jetzt bist du dran, Kumpel*!"

Aber nun ist es genug mit der Springerei, schließlich wollen Axel und Max ja noch etwas sehen von der Welt. Sie stützen* sich wieder auf ihre Spazierstöcke und wandern weiter*. Nach kurzer Zeit haben sie den Wald durchquert und befinden sich auf einer schönen, bunten Wiese. Das Gras ist ziemlich lang und die beiden Jungen müssen ihre Knie sehr hochheben*, damit sie vorwärts kommen. Aber, oh weh, jetzt haben sie gar nicht gemerkt, dass die Wiese immer sumpfiger wird und sie immer weiter in den Morast einsinken*.

Hoppla, da ist es auch schon geschehen! Max ist fast bis zum Po im Sumpf versunken. Laut ruft er seinen Freund zu Hilfe: „Hallo, Axel, komm, hilf mir doch einmal, ich versinke hier in der Wiese! Zieh mich bitte heraus!" Zum Glück hat Axel ja seinen Spazierstock dabei, er streckt* Max den Stock so entgegen, dass er ihn mit beiden Händen fassen kann. Und dann zieht* er, zieht, so fest er kann. Er braucht dazu wirklich all seine Kraft, denn einen Freund zu retten, ist wirklich kein Kinderspiel!
Nach und nach wird der kleine Max aus dieser gefährlichen Lage befreit.

Aber ... da hat es Axel erwischt. Auch er ging über eine besonders sumpfige Stelle und ist nun eingesunken. Doch nun wissen die beiden Kerlchen ja, wie man seinen Freund befreien kann, und Max hilft* Axel selbstverständlich auch aus der Patsche: Nach einer kurzen Verschnaufpause schauen sich die beiden von oben bis unten an. Pfui, was ist das für ein Matsch an den Hosen und Pullovern! Sie versuchen zuerst, den gröbsten Schmutz durch Schlenkern* mit den Armen und Beinen abzuschütteln*. Dann müssen die Hände helfen, die nächste Dreckschicht von der Kleidung zu entfernen*. Sogar in Haaren* und Ohren* hat sich der Schlamm versteckt. Und an Rücken und Po müssen sich Axel und Max gegenseitig abreiben*.

Nun ist es aber gut, der Rest bleibt, wo er ist, denn mit etwas Dreck kann der Mensch auch leben. Die beiden Buben gehen weiter* und kommen bald zu einem See. Dort entdecken sie ein herumliegendes Boot und steigen ein*. Es dauert eine ganze Weile, bis sie ihre Paddelschläge so aufeinander abstimmen* können, dass sie gleichmäßig rechts und links mit ihren Spazierstöcken ins Wasser eintauchen*. Schließlich gelingt es aber doch, die beiden kommen zügig voran und erreichen nach einiger Zeit das andere Seeufer. Es muss jedem einleuchten, dass die Paddelei ziemlich anstrengend war; müde und erschöpft steigen Max und Axel aus ihrem Boot aus. Sie recken sich*, lockern Arme*, Beine* und Schultern* und schauen sich um. He, was ist denn das?!

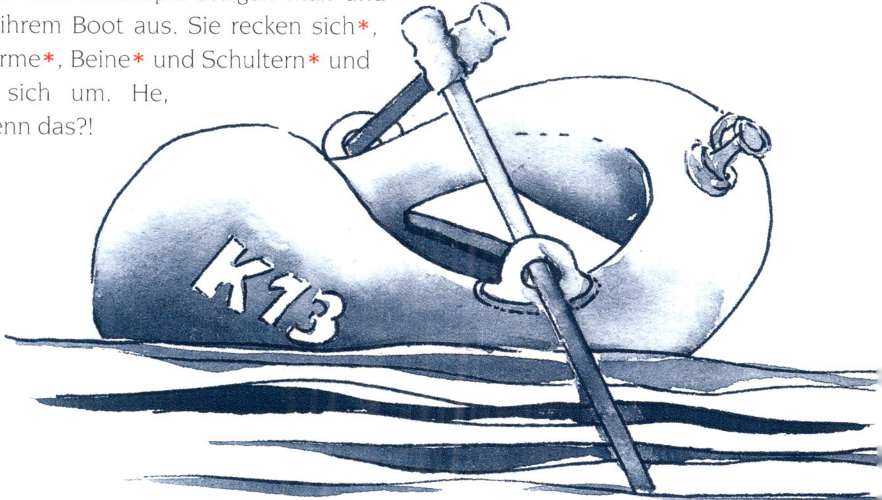

Vor ihnen steht ein uraltes, dunkles und unheimlich aussehendes Gemäuer. Wer kann wohl hier einmal gewohnt haben? Vielleicht eine Räuberbande oder ein berühmter König? Oder haust hier etwa immer noch jemand? Halb ängstlich, halb neugierig steigen* sie die vielen Stufen zum Eingang hinauf und stehen plötzlich vor einer gewaltigen Tür. Sie gibt auf leichten Druck nicht nach und es scheint so, als würde von innen jemand dagegendrücken*. Mit einem Ruck geht die Tür endlich auf. Alles ist dunkel und unheimlich hier in diesem alten Gebäude und die beiden Jungen müssen all ihren Mut zusammennehmen, um Schritt für Schritt vorwärts zu gehen*. Dabei benutzen sie ihre Spazierstöcke wie Blindenstöcke, sie bewegen sie vor sich im Halbkreis auf dem Boden hin und her* und prüfen so, ob der Weg frei ist.

Huch, was ist denn das? Hinter einer Ecke versteckt sich jemand, vermutlich ist es ein uraltes Schlossgespenst, das unbedingt Axels Spazierstock haben will. Aber den wollen die beiden natürlich nicht hergeben. Sie ziehen, so fest sie können* und haben schließlich Opas Spazierstock gerettet „Nun schleich dich aber, du dummes Gespenst!" Mit aller Kraft schieben sie es bis in die hinterste Ecke des Gebäudes*.

Völlig abgekämpft beschließen Max und Axel, von diesem unheimlichen Ort abzuhauen. Zuerst müssen sie aber noch die vielen Stufen hinabsteigen*. Aber dann rennen* die beiden, so schnell sie können, zur nächsten Stadt. Dabei tragen sie ihre Spazierstöcke auf der Schulter*. Zum Glück gibt es dort einen Bahnhof. Ein Zug, der sie nach Hause bringen kann, steht schon abfahrbereit und die beiden Jungen wollen gerade einsteigen, als ihnen einfällt, dass sie gar kein Fahrgeld haben. Da müssen sie halt arbeiten, sie benutzen ihre Spazierstöcke wie Pleuelstangen, die die großen Räder bewegen*, dabei zischen sie so, wie es sich für eine richtige Lokomotive gehört*. Mit lautem Pfeifen* kommen sie in ihrem Heimatort an, steigen schnell aus und marschieren* mit großen Schritten nach Hause.

Zum Glück hat dort noch niemand bemerkt, dass die beiden ausgerissen waren, deshalb kuscheln* sie sich schnell in ihre Betten und haben vorerst einmal genug von aufregenden Abenteuern.

Hilfen zur Durchführung:

Viele Möglichkeiten zur Umsetzung ergeben sich aus dem Text.

Herumliegende Äste: Die Stöcke liegen am Boden, die Kinder springen über sie hinweg oder:
Ein Kind hält den Stab waagerecht, das andere steigt oder springt darüber.

Herunterhängende Äste: Ein Kind hält die Stöcke waagerecht und zwar so niedrig, dass das andere Kind gerade noch unter ihnen durchkriechen kann.

Im Morast versinken: Die Füße lassen sich nur noch schwer vom Boden abheben.
Ein Kind liegt auf dem Bauch und hält ein Ende eines Stocks, das andere Kind zieht es mithilfe des Stocks vorwärts.

Paddeln: Die Stöcke werden als Paddel benutzt.

Die Stufen hinaufsteigen: Den Stock mit beiden Händen vor dem Körper halten, mit den Füßen nacheinander über den Stab steigen, ohne loszulassen.

Schieben und ziehen: Zu zweit jeweils die Stöcke entweder parallel oder längs zwischen sich halten und ziehen bzw. schieben.

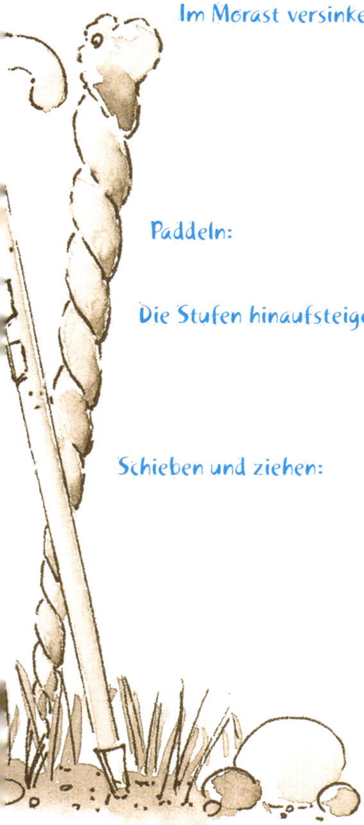

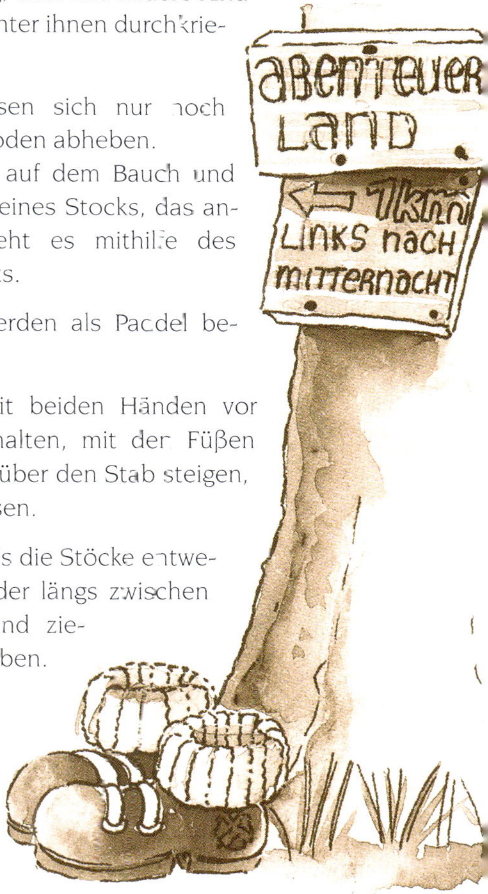

Reisebüro Axel Flink

Material: Keines.

„Du, Mami, ich habe heute ein eigenes Reisebüro aufgemacht. Es soll ‚Axels Europareisen' heißen. Mit meiner Firma kann man um die ganze Welt reisen und braucht nicht einen einzigen Cent zu bezahlen! Ich bin natürlich der Reiseleiter, aber du kannst gern mit mir fahren und du darfst dir auch gelegentlich wünschen, wohin die Reise gehen soll." Mit hochrotem Kopf erklärt Axel der Mami seine neueste Idee. Die hört aufmerksam zu und murmelt leise vor sich hin: „Ich kann gar nicht mehr nachrechnen, seit wie vielen Jahren ich davon träume, einmal eine Reise durch Europa machen zu können. Aber dieser Wunsch wird wohl auch in den nächsten 50 Jahren nicht in Erfüllung gehen, denn eine solche Tour ist schrecklich teuer." „Mami", ruft Axel, der die Worte „Europa und Reise" verstanden hatte und sofort Feuer und Flamme ist, „das wird super, supertoll! Wir beide unternehmen zusammen eine Reise durch viele Länder in Europa."

Da wird nicht lange überlegt. Blitzschnell suchen die beiden ein paar Dinge aus Schubladen und Schränken zusammen*, die man für eine Weltreise dringend benötigt, packen sie in eine große Reisetasche und dann sind sie auch schon reisefertig.

Mit Mamis Auto fahren* sie nach Frankreich, wo gerade das größte Fahrradrennen der Welt, die Tour de France, stattfindet. Auch wenn Axel und seine Mami keine Radprofis sind, so möchten sie doch wenigstens ein kurzes Stück bei diesem Straßenrennen mitfahren. Sie leihen sich schnell ein Rennrad aus und strampeln los*.

Zuerst kommen sie nur langsam* vorwärts, aber mit ein bisschen Übung geht es immer schneller* voran. Nach einigen Links- und Rechtskurven, bei denen sich die beiden beim Trampeln ganz schräg auf die Seite legen*, kommen sie zu einer steilen Abfahrt. Hier müssen sie, so schnell sie können, in die Pedale treten*. Doch all die vielen Radrennfahrer der Tour sind trotzdem schneller als unsere beiden Reisenden. Sie verlieren den Mut, geben ihre Fahrräder wieder zurück und fahren mit dem Auto* weiter in die Niederlande, in das Land, wo es die vielen Windmühlen* gibt.

Als sie aus dem Auto steigen, bläst Axel und seiner Mami ein starker Wind entgegen! Auch die Flügel an den vielen Windmühlen um sie herum drehen sich buchstäblich in Windeseile* – und immer wieder wechselt der Wind seine Richtung. Mal weht er aus der einen und dann aus der entgegengesetzten Richtung, sodass sich die Windmühlen abwechselnd einmal vorwärts und dann rückwärts drehen müssen*!

Zum Glück lässt der Wind bald nach, Axel und seine Mami lassen das Auto zurück und machen sich zu Fuß auf den weiteren Weg*. Sie kommen nach kurzer Zeit an einen Wassergraben. Zwar ist in einiger Entfernung eine Brücke zu sehen, aber lustiger ist es natürlich, über den Graben zu springen. Sie nehmen einen kurzen Anlauf und hüpfen über das Wasser*.

Und weiter geht es nun im Dauerlauf*. Es dauert gar nicht lange, da taucht schon wieder ein Graben vor ihnen auf, den sie überspringen müssen*. Und weil es in den Niederlanden viele Wassergräben gibt, tun sie das immer und immer wieder*.

Doch dann verlassen sie die Niederlande und fahren mit der Eisenbahn* durch einen ganz langen Tunnel nach England und noch ein bisschen weiter nach London. Sie steigen aus dem Zug aus, stapfen einige Treppen hoch* und stehen auf dem Bahnhofsvorplatz. Doch wie sieht es denn hier aus? Es ist so neblig, dass man die Hand vor den Augen nicht erkennen kann. Axel und seine Mami tasten sich langsam vorwärts, es ist beinahe so, als wären sie blind*. Natürlich ist es gar nicht so einfach, sich in einer fremden Stadt zurechtzufinden, schon gar nicht, wenn man nichts sehen kann*. Mal taumeln sie nach rechts* und stolpern kurz darauf wieder nach links*. Und dabei müssen sie immer gut aufpassen, dass sie nirgends gegen eine Wand laufen.

London hatten sie sich wirklich anders vorgestellt. Und überhaupt, was sollen sie hier, wenn sowieso nichts zu besichtigen ist? Kurz entschlossen steigen die beiden Reisenden in einen Bus und fahren gemeinsam durch das Land*. Der Nebel löst sich allmählich auf und sie stellen fest, dass sie an einem Flughafen angekommen sind. Schnell steigen sie aus, kaufen sich ein Ticket und starten zu einem Flug nach Schweden*.

Axel und seine Mami wandern* durch die großen Wälder, die es hier gibt. Oft treffen sie Holzfäller bei ihrer Arbeit. Dass diese Leute eine sehr anstrengende Tätigkeit haben, merken die beiden, als sie selbst einmal versuchen, mit einer großen Axt die seitlichen Äste einer großen Fichte zu entfernen. Viele Male lassen sie die Axt auf das Geäst herunterfallen*. Immer wieder müssen sie sich den Schweiß von der Stirn wischen* und kräftig verschnaufen, bis endlich ein schöner, blanker Baumstamm vor ihnen liegt.

„Da haben wir aber einen wunderschönen Balancierbalken zurechtgezimmert", sagt Axel und beginnt sofort damit, auf dem schmalen Stamm hin- und herzugehen*. „Vorwärts gehen ist mir zu einfach", stellt Mami fest und versucht, seitwärts* und rückwärts zu balancieren*, was Axel natürlich auch sofort nachmachen muss.

Leider haben sie keine Zeit mehr, um noch andere Dinge in Schweden zu sehen und zu erleben, denn ein Schiff wartet an der Küste auf sie, das sie nach Italien bringen will. Bei ziemlich hohem Wellengang ist es für Axel und seine Mami gar nicht so einfach, immer das Gleichgewicht zu behalten. Sie torkeln immer wieder hin und her*. Nach ein paar Tagen auf See ist das nächste Reiseziel in Sicht. Hier wollen sie so richtig faulenzen: Tagsüber wollen sie im Meer schwimmen*, Sandburgen bauen*, Wasserball spielen* und in der Sonne liegen*. Und am Abend backen sie sich die leckerste Pizza*, die jemals ein Mensch gegessen hat. Da kommt als Belag alles das drauf, was Axel gern essen mag: Spinat, Käse, Salami, Schinken, Paprika und, und, und ...

Bei dem schönen Wetter in Italien geht die Erholungszeit für Axel und seine Mami viel zu schnell vorbei. Aber sie müssen ja ihre Reisetermine einhalten und deshalb fliegen* sie mit einem kleinen Flugzeug in die Schweiz. Hier haben sie sich einen Ort ausgesucht, der am Ufer eines wunderschönen Bergsees liegt. Sie mieten sich am Tag ihrer Ankunft sofort ein Paddelboot und paddeln* stundenlang auf dem See herum. Am anderen Morgen versuchen sie, mit einem Ruderboot* den See zu erkunden. Eine Angel haben sie auch mitgenommen und werfen* die Angelschnur immer wieder mit einem weit ausholenden Schwung ins Wasser. Aber leider will kein Fisch anbeißen. Entmutigt und müde rudern sie zum Ufer zurück*.

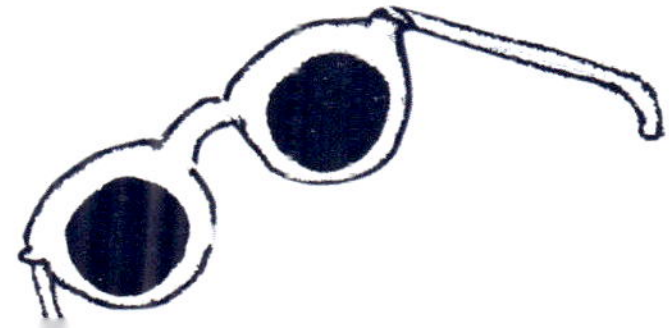

Beim Blick auf den Kalender stellen Axel und seine Mami fest, dass es höchste Zeit wird, die Reise zu beenden und nach Hause zu fahren. Die Kleider und die anderen Reiseutensilien sind schnell verstaut und es geht mit der Eisenbahn* nach Hause. Na ja, und Papi freut sich natürlich riesig, dass er seine Lieben wieder bei sich hat. Er kann nicht ahnen, dass Axel in Gedanken schon wieder eine neue Reise plant.

Hilfen zur Durchführung:

Auto:	Mit einem gedachten Lenkrad durch den Raum fahren.
Fahrrad:	Auf dem Rücken liegen, mit den Beinen Rad fahren.
Windmühlen:	Beide Arme nacheinander vorwärts kreisen lassen.
Eisenbahn:	Zu zweit oder mit mehreren Personen mit Schulter- oder Handfassung hintereinander hergehen oder -laufen.
Nebel:	Mit geschlossenen Augen vorsichtig vorwärts gehen.
Bus:	Zwei Personen, eine mit Lenkrad, die andere ohne, „fahren" nebeneinander durch den Raum.
Pizza backen:	Alle Zutaten pantomimisch auf dem Rücken des Partners verteilen.
Paddeln:	Die Arme so bewegen, als hätte man ein Paddel in den Händen.
Rudern:	Auf dem Po sitzend, sich durch Anhocken und Aufstellen der Füße und anschließendes Wegdrücken vorwärts bzw. rückwärts schieben.

Notlandung im Dschungel

Material: Für jedes Kind ein Springseil.

Axel passieren die unglaublichsten Dinge. Im vergangenen Herbst ist er mit seinen Eltern zusammen nach Afrika geflogen*. Allerdings war das nicht gar so einfach, denn das kleine Privatflugzeug, mit dem sie unterwegs waren, hatte kurz vor dem Ziel einen schweren Motorschaden, sodass sie mitten im Dschungel notlanden* und sich dann mühsam zu ihrem Ziel durchkämpfen mussten*.

Axels Papa wusste natürlich, dass es im Urwald nicht ungefährlich ist und so forderte er alle Mitreisenden auf, ganz eng zusammen zu bleiben*. Damit sich niemand von der Gruppe entfernen konnte, nahm er einige Seile aus seinem Rucksack und verteilte sie so, dass jeder eins bekam. „Wir nehmen jetzt in jede Hand das Ende eines Seils* und bilden so eine lange Kette, dann können wir sicher sein, dass keiner von uns verloren geht!" Man vereinbarte noch einen Ort, zu dem man bei Gefahr fliehen wollte* und dann begann der aufregende Marsch durch den Dschungel.

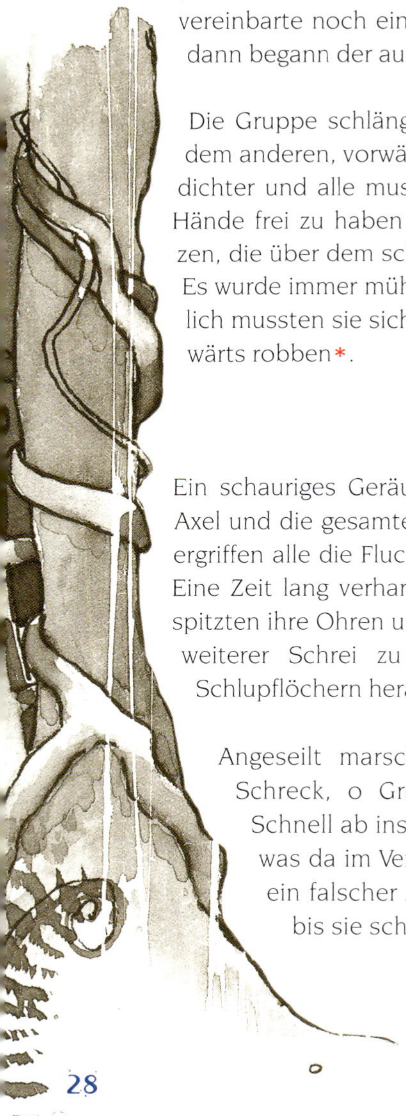

Die Gruppe schlängelte* sich zuerst ziemlich flott, immer einer hinter dem anderen, vorwärts*, doch nach einiger Zeit wurde der Urwald immer dichter und alle mussten sich ihre Seile um den Hals hängen*, um die Hände frei zu haben und mitzuhelfen, die vielen Äste und Schlingpflanzen, die über dem schmalen Trampelpfad hingen, zur Seite zu schieben*. Es wurde immer mühsamer, sich durch das Dickicht zu kämpfen, schließlich mussten sie sich sogar auf den Bauch legen und Stück für Stück vorwärts robben*.

Halt! Stopp! Was war denn das?!

Ein schauriges Geräusch hallte durch den dunklen Wald und versetzte Axel und die gesamte Reisegruppe in Angst und Schrecken. Wie der Blitz ergriffen alle die Flucht* und retteten sich in das verabredete Versteck*. Eine Zeit lang verharrten alle regungslos und mucksmäuschenstill*. Sie spitzten ihre Ohren und lauschten in den Dschungel hinein. Doch als kein weiterer Schrei zu hören war, krochen sie vorsichtig* aus ihren Schlupflöchern heraus.

Angeseilt marschierten sie wieder hintereinander her. Doch, o Schreck, o Graus! Schon wieder so ein schrecklicher Schrei! Schnell ab ins Versteck*, denn, man kann ja nie wissen, wer oder was da im Verborgenen lauert! Doch anscheinend war es wieder ein falscher Alarm. Axel und seine Leute marschierten weiter*, bis sie schließlich an einen wilden Urwaldfluss kamen.

Nun war guter Rat teuer, denn wie sollte man hinüberkommen? Bestimmt versteckten sich Krokodile im Fluss, deshalb benutzte die verunglückte Reisegruppe die dicken Steine, die aus dem Wasser herausragten, als behelfsmäßige Brücke*. Leider lagen diese Steine sehr weit voneinander entfernt, sodass man wirklich Riesenschritte* machen musste, um nicht in den Fluss zu treten.

Endlich hatten sie einen alten, morschen Baumstamm erreicht, der sich auf dem Fluss an den Steinen verklemmt hatte und auf dem sie, vorsichtig balancierend*, weitergehen konnten. Nur nicht abrutschen und danebentreten!* Unter ihnen gurgelte das Wasser und man konnte ahnen, dass die Krokodile nur darauf warteten, zuschnappen zu können. Es dauerte eine ganze Weile, bis alle das andere Ufer erreicht hatten*. Doch dort wartete schon eine neue, unangenehme Überraschung auf sie:

Viele, viele Schlangen, die gerade noch regungslos in der Sonne lagen, wurden nun aufgescheucht und schlängelten sich aufgeregt* über den Boden. Die Mitglieder der Reisegruppe verfolgten die Schlangen und versuchten, mit den Füßen auf ihre Schwänze zu treten*. Nach einer wilden Jagd waren zum Glück alle Schlangen gefangen und die Gefahr gebannt.

Doch was lag denn dort für ein merkwürdiges Gebilde auf dem Boden? Es sah aus wie ein Netz*, das vermutlich Eingeborene ausgelegt hatten, um Tiere zu fangen. Aber da war nichts mit Fangen, denn in den Maschen des Netzes tobte* eine Affenbande herum. Die Affen verhielten sich sehr geschickt, sie sprangen hin und her und erstaunlicherweise ging das Netz dabei nicht kaputt.

Psst, still! Was knackt denn dort im Unterholz? Auweia! Da kommen Menschen! Was wollen die denn hier? Sind sie gefährlich? Alle ducken sich ganz tief auf den Boden*, denn es ist jetzt unmöglich, wieder über den Fluss zurück zum sicheren Versteck zu gelangen!

Doch bald stellte sich zur großen Erleichterung aller heraus, dass es Forscher waren, die hier ihre Untersuchungen an den Affen machten. Sie waren sehr freundlich und zeigten der Gruppe den Weg aus dem Urwald heraus. Zur Sicherheit fassten alle noch einmal an das Seil*, damit niemand zurückbleiben konnte, und suchten* den Weg in den nächsten Ort.

Hilfen zur Durchführung:

Notlandung:	Mit ausgebreiteten Armen umherlaufen und langsam auf dem Bauch landen.
Schlangen:	Ein Ende eines Seils fassen und es über den Boden schlängeln.
Schlangen fangen:	Hinter den sich auf dem Boden schlängelnden Seilen herlaufen und versuchen, auf das Seilende zu treten.
Netz der Tierfänger:	Alle Seile kreuz und quer auf den Boden legen, sodass ein Netz mit großen Maschen entsteht.
Affen im Netz:	Durch alle Löcher des Netzes hüpfen, ohne es zu zerstören.

Bei den Indianern

Material: Keines.

Gute Freunde von Max' und Axels Eltern wohnen in Amerika. Gestern ist nun ein langer Brief angekommen, in dem Mr. und Mrs. Smith die beiden Familien zu einem Besuch einladen. Die Erwachsenen überlegen noch, ob sie diese Einladung annehmen können, aber für die beiden Jungen steht sofort fest, dass sie mit dem Flugzeug über den großen Ozean fliegen. Aufgeregt hüpfen sie im Wohnzimmer hin und her* und rufen immer wieder: „Wir fahren nach Amerika!" Von dieser Begeisterung lassen sich die Eltern anstecken und beschließen, die Reise zu unternehmen.

Sofort machen sich die beiden Freunde daran, ihre Koffer zu packen. Sie rennen von einer Ecke des Hauses zur anderen*, suchen ganz oben im Schrank* und in den untersten Fächern der Kommode* nach den Dingen, die unbedingt mitgenommen werden müssen. Nach kurzer Zeit sind die Koffer gepackt.

Ein paar Tage später geht es dann auch schon los. Bis zum Flughafen fahren sie mit dem Auto*. Zum Glück sind die Familien rechtzeitig zu Hause weggefahren, denn es dauert nicht lange, da geraten sie in einen Stau*. Alle Autos stehen still*, hin und wieder geht es um ein paar Meter weiter,

aber dann hält* die ganze Schlange wieder auf der Autobahn an. Als endlich alles wieder frei ist, müssen Max und Axels Väter mächtig Gas geben*, um noch rechtzeitig am Flughafen anzukommen. Schnell werden die Autos in der Tiefgarage geparkt* und die beiden Familien rennen, so schnell sie können*, zum Flugschalter. Es bleibt keine Zeit, um das Gepäck und die Tickets noch ordnungsgemäß zu kontrollieren. Nur schnell weiter und ab ins Flugzeug!

Sie starten und schon düst das Flugzeug über das Meer. Der Flug dauert einige Stunden und als sie endlich gelandet* sind und aus dem Flugzeug steigen, sind ihre Beine und Arme völlig steif* geworden. Axel und Max müssen sich zuerst einmal tüchtig recken und strecken*, müssen ihre Arme und Beine schlenkern*, damit sie locker werden. Doch dann schauen sie sich neugierig um*. Wie wird es denn nun weitergehen? Da warten schon die amerikanischen Freunde und haben für die Jungen eine besondere Überraschung bereit. Herr und Frau Smith stellen ihnen einen freundlichen Herrn mit einem großen Cowboyhut vor, der sie herzlich begrüßt und zu zwei kleinen Pferden bringt, die vor dem Flughafen warten. „Kommt, Jungs, wir reiten aufs Land!" Die beiden Jungen steigen mutig auf und reiten* zusammen mit dem Cowboy immer der Nase nach aus der Stadt heraus.

Zuerst sind sie noch ein wenig vorsichtig und reiten nur im leichten Trab*, aber als die letzten Häuser der Stadt hinter ihnen liegen, fliegen sie im schnellen Galopp über die Prärie*.

Reiten ist eine ungewohnte Tätigkeit für Axel und Max, deshalb müssen sie jetzt absteigen und ihren Po ein wenig ausklopfen*. Danach setzen sie sich ins weiche Gras und ruhen sich aus*. Ihr Blick schweift in die Ferne und um besser erkennen zu können, was sich dort bewegt, legen sie beide Hände um die Augen*.

Was ist denn das dort hinten?! Wer kommt da immer näher und näher? Auweia! Es sind Indianer auf dem Kriegspfad, die sich

anschleichen und erfahren wollen, wer es wagt, in ihr Gelände einzudringen. Jetzt wird es spannend: Was ist zu tun? Max und Axel überlegen nicht lange, sondern schleichen geduckt auf die Indianer zu*. Vorsichtig setzen sie einen Fuß vor den anderen*, richten sich hin und wieder auf und halten ihre Nasen nach allen Seiten in den Wind*, um zu prüfen, ob die Luft rein ist.

Nach einiger Zeit kommen sie an einen ziemlich breiten Fluss. Anfangs balancieren Axel und Max auf dicken Steinen, die im Wasser liegen* und schwimmen dann das letzte Stück durch den tiefen Strom*. Am anderen Ufer werden sie von den Indianern schon erwartet! Wie sollen sie sich jetzt verhalten? Wie sollen sie ihnen klar machen, dass sie als Freunde gekommen sind?

Zuerst versuchen sie es mit dem Indianertanz*, den sie einmal im Kindergarten gelernt haben. Sie stampfen wie wild auf den Boden* und stoßen dabei komische Laute aus*. Aber das scheint die Indianer nicht zu beeindrucken, sie geben jedenfalls nicht zu erkennen, dass sie den beiden Jungen gut gesonnen sind. Da müssen sich Axel und Max schon etwas anderes überlegen. Vielleicht hilft lautes Indianergeheul? Sie legen die flache Hand vor den Mund und bewegen sie beim Schreien leicht auf und ab*.

Hoppla, das hat ja geklappt! Die Indianer kommen näher und klopfen den beiden Jungen brüderlich auf die Schultern*. Dann umarmen sie sich herzlich*, setzen sich alle zusammen im Indianersitz* in einen großen Kreis und rauchen gemeinsam eine Friedenspfeife*.

Doch Axel und Max müssen zurück zu dem Cowboy, der nun schon eine ganze Weile auf die beiden Kinder wartet. Sie verbeugen sich mit vor der Brust gekreuzten Armen* und klopfen allen Indianern auf die Schulter, winken noch einmal* und stürzen sich wieder in den großen Fluss. Die Strömung ist unglaublich stark und sie müssen kräftig dagegen ankämpfen*. Mit letzter Kraft erreichen sie das andere Ufer und krabbeln* auf allen Vieren weiter.

Nachdem sie ein wenig verschnauft haben, laufen* sie zu den Ponys und dem Cowboy zurück. Sie schwingen sich auf die Pferde und galoppieren* mit wehenden Haaren in die Stadt. Hier treffen sie ihre Eltern wieder, verleben mit ihnen noch einige schöne Tage in Amerika.

Leider geht diese schöne Ferienzeit zu Ende. Unsere beiden Freunde und ihre Eltern müssen Abschied nehmen*. Nachdem sie mit dem Auto* zum Flughafen gebracht wurden, steigen sie in das schon wartende Flugzeug und fliegen*, glücklich und zufrieden, aber auch ziemlich müde, nach Hause.

Hilfen zur Durchführung:

Alles, was die beiden Kinder in Amerika erleben, wird nach den Vorstellungen der Kinder in Bewegung umgesetzt.

Ferien auf dem Wasser

Bewegungsspiel mit Matten in der Turnhalle oder auf dem Bett im Kinderzimmer

Material: Keines.

Eines Abends, als Axel schlief, saßen seine Eltern beieinander und überlegten, was sie in den Sommerferien im Urlaub unternehmen könnten. Alle möglichen Ziele wurden in Betracht gezogen, aber am Schluss waren sich beide einig, man wollte eine kleine Schiffsreise machen, nicht etwa auf einem großen Vergnügungsdampfer, wo die Reisenden immer nur in der Sonne liegen oder mit dem Essen beschäftigt sind, nein, man wollte versuchen, eine Kabine auf einem Kutter zu buchen, um das Leben von Seeleuten hautnah miterleben zu können. Am anderen Morgen, als Axel aufgestanden war, erzählen ihm die Eltern beim Frühstück, was sie beschlossen haben, und Axel ist natürlich sofort Feuer und Flamme. Aufgeregt und ausgelassen hüpft er im Zimmer hin und her* und singt laut vor sich hin: „Wir fahren mit dem Schiff, wir fahren mit dem Schiff*!"

Axel ist noch nie mit einem Schiff gefahren, aber selbstverständlich kann er sich gut vorstellen, wie es dort zugeht und was man an Bord alles erleben kann. Und so rennt* er schnell ins Kinderzimmer, um dort schon einmal auf

große Fahrt zu gehen. Mit einem weiten Satz springt er auf das bereits auf ihn wartende Schiff*. (Eigentlich ist es ja ein Bett bzw. eine Matte, aber das spielt nun wirklich keine Rolle.)

Er grüßt die Matrosen auf dem Schiff, indem er die Hand an die Stirn legt* und laut „Ahoi" ruft*. Es ist ein ziemlich stürmischer Tag und das Schiff schaukelt wild hin und her. Axel kann nur mit sehr viel Mühe verhindern, nicht über Bord zu gehen*. Zum Glück beruhigt sich die See allmählich und so kann er auf dem schaukelnden Untergrund den Seemannsgang üben, denn das weiß Axel, Seeleute gehen immer breitbeinig, damit sie einen sicheren Stand haben*. Wenn es ganz besonders windig ist, muss man sich außerdem noch schräg nach vorn gegen den Wind legen, damit man nicht weggepustet wird*.

Nach einiger Zeit hat er gelernt, in dieser Art zu gehen und nun kann die tägliche Arbeit an Bord beginnen: Als Erstes ist „klar Schiff" angesagt und das bedeutet, dass alles geschrubbt und gewienert werden muss. Mit einem großen Eimer, der allerdings nur in Axels Fantasie vorhanden ist, gießt* er mit viel Schwung jede Menge Wasser über das Schiffsdeck. Dann verteilt* er die Wassermassen mit einem Schrubber über das ganze Deck. Erst jetzt kommt die eigentliche Arbeit: Mit viel Kraft schrubbt* Axel die Schiffsplanken und dabei vergisst er auch die Ecken* nicht. An verschiedenen Stellen ist der Dreck fest angetrocknet, sodass Axel auf den Knien mit einer kleinen Bürste nachhelfen muss*. Schließlich ist alles blitzblank und er kann sich beinahe in den Schiffsplanken spiegeln*. Zufrieden wischt* er sich den Schweiß von der Stirn und geht* zu den Fischern.

Sie stehen an der Reling, halten ihre Angeln in der Hand und warten und warten. Axel schnappt sich auch eine Angel und stellt sich dazu*. Da, plötzlich gibt es einen Ruck in seiner Schnur, er kurbelt*, so schnell er kann, an einem Rädchen, um die Angelschnur aufzurollen und zieht* dabei mit aller Kraft. Zum Kuckuck, das ist gar nicht so einfach, denn an der Angel hängt ein ziem-

lich dicker Fisch und der will einfach nicht freiwillig auf das Schiff. Er zappelt hin und her und schlägt wütend mit dem Schwanz um sich. Mit einem kräftigen Ruck schafft es Axel endlich, den Fisch an Bord zu ziehen*, aber pardauz! Er fällt dabei nach hinten und landet auf seinem Po* Ziemlich erschöpft rappelt er sich wieder auf*, um sich eine neue Arbeit zu suchen.

Jedermann weiß, dass das Seewasser die Farben an den Bordwänden eines Schiffs stark angreift. Sie müssen deshalb immer wieder mit Ölfarbe gestrichen werden. Diese Arbeit übernimmt nun Axel. Er schnappt sich einen Pinsel und einen Eimer Farbe, legt sich auf den Bauch* und beginnt, die Außenwände des Kutters zu streichen*. Es dauert eine lange Zeit, bis er endlich einmal rundherum ist, aber er streicht unverdrossen rauf und runter*, hin und her*. Als endlich alles schön lackiert ist, denkt er bei sich, dass er für heute genug gearbeitet hat. Er legt Pinsel und Farbe beiseite und verkriecht sich in sein Bett*.

Eine Schlafstelle auf einem Schiff, in einem ziemlich schmalen Bett, nennt man Koje. Es ist nur zu dumm, dass man in einer solchen Koje nie ganz sicher sein kann, dass man nicht herausfällt. Bei Wellengang kullert* man immer wieder von einer Seite zur anderen.

Da muss man sich manchmal in allerletzter Sekunde an den Bettkanten festhalten*, um nicht herauszupurzeln. Axel probiert beides aus: schnell von einer zur anderen Seite zu kullern*, aber auch möglichst geschickt aus der Koje herauszufallen*, ohne sich wehzutun.

Nach einiger Zeit hat er genug von der Kullerei und außerdem ist ihm ziemlich schlecht geworden. Er beschließt deshalb, dem Kapitän einen Besuch abzustatten. Im Seemannsgang* marschiert er auf die Brücke. Das ist natürlich keine richtige Brücke, denn den Ort, an dem der Käpt'n die beste Übersicht hat und wo sich sein Ruder befindet, nennt man nur so. Dort nimmt sich Axel ein großes Fernrohr vom Tisch und schaut* über das Wasser.

Ganz hinten am Horizont, dort, wo Wasser und Himmel sich treffen, entdeckt er eine kleine Insel und dort möchte er hin. Er verhandelt mit dem Kapitän und nachdem Axel ihm deutlich gemacht hat, wie wichtig für ihn der Besuch dieser Insel ist, gibt dieser seinem Quengeln nach. „Nun gut", brummt er in seinen dichten weißen Bart, „dann müssen wir eben eines der Rettungsboote klarmachen und damit kannst du dann zu dieser Insel rudern."

Nun gibt es für Axel kein Halten mehr. Er springt* in das kleine Rettungsboot (in Wirklichkeit ist es sein Kopfkissen oder so etwas Ähnliches wie ein altes Handtuch) und rudert* mit beiden Armen so kräftig er kann. Hau ruck! Hau ruck! Die Wellen hinauf und wieder hinab, mit Schaukeln hin* und Schaukeln her*, arbeitet er sich langsam voran. Endlich kann er sein Ruderboot auf die kleine Insel ziehen*.

Aber die Enttäuschung ist groß! Hier gibt es keine gestrandeten Seeleute und auch keine Piraten, sondern nur Krebse, die auf ihren sechs Beinen immer seitwärts gehen*, kleine Würmer, die sich durch den Sand schlängeln*, und ein paar Möwen, die durch die Luft fliegen*. Schade, Axel hatte sich vorgestellt, ein aufregendes Abenteuer auf der Insel zu erleben und nun trottet* er mit hängenden Schultern wieder zu seinem Ruderboot. Betrübt und traurig rudert er zum Schiff zurück*, das in der Zwischenzeit ein ganzes Stück näher gekommen ist. Er geht wieder an Bord, zieht* das Rettungsboot hoch und denkt über seinen ersten Tag an Bord eines Schiffs nach. Eigentlich hat alles viel Spaß gemacht und die Vorfreude auf die Schiffsreise, die er im Sommer mit den Eltern erleben wird, ist noch größer geworden.

Spät am Abend, als Axel in seinem Bett liegt, schließt er die Augen und stellt sich den Sternenhimmel über dem Schiff vor und dabei spürt er ganz deutlich, dass sein Bett wie ein Schiff immer auf und ab schaukelt.

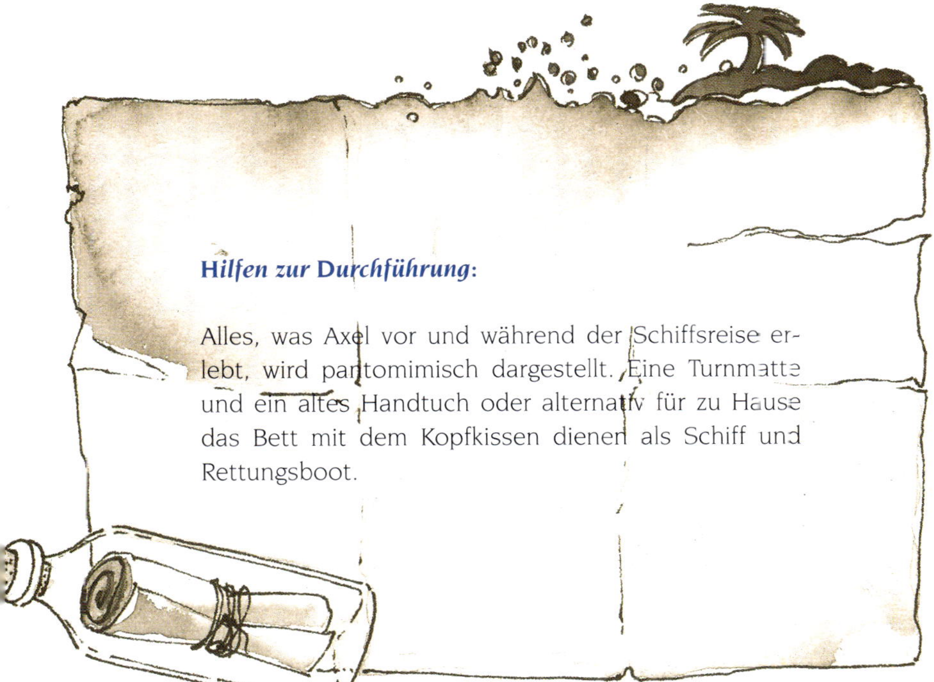

Hilfen zur Durchführung:

Alles, was Axel vor und während der Schiffsreise erlebt, wird pantomimisch dargestellt. Eine Turnmatte und ein altes Handtuch oder alternativ für zu Hause das Bett mit dem Kopfkissen dienen als Schiff und Rettungsboot.

Im Gespensterschloss

Material: Viele Luftballons mit Gesichtern und Schweif liegen verteilt auf dem Boden.

Max hat vor nichts, wirklich vor gar nichts Angst. Und um das zu beweisen, hat er sich vorgenommen, den Gespenstern in Schloss Gruselstein einen Besuch abzustatten.

Seit langem weiß er, dass alle Gespenster tagsüber tief und fest schlafen, und deshalb macht er sich am frühen Morgen auf den Weg* zum nahe gelegenen Schloss. Mutig öffnet er die schwere Holztür zur großen Eingangshalle und findet tatsächlich alle Gruselstein-Gespenster dort vor. Sie liegen* überall auf dem Boden herum und schlafen so tief und fest, wie nur Gespenster schlafen können. Aber bei allem Mut, so ganz geheuer ist Max die Sache nun doch nicht. Deshalb nähert* er sich den Gespenstern ganz, ganz langsam, schleicht* zuerst einmal vorsichtig um alle herum* oder steigt über sie hinweg*. Er achtet sehr sorgfältig darauf, keines der schlafenden Wesen zu berühren oder auf das Ende eines Gewandes zu treten*. Aber es passiert nichts, kein einziger Geist wird wach. Deshalb rennt* er jetzt, so schnell er kann, durch das Gespensterschlafzimmer.

„He, ihr Schlafmützen",

ruft er, „nun wacht mal auf und bewegt euch ein bisschen!" Nacheinander tippt* er alle Gespenster an, kneift* sie in die Nase, streicht* ihnen über den runden Kopf und kitzelt* sie am Kinn. Je fester er kitzelt, umso mehr bewegen sich die Langschläfer hin und her.

Aber aufwachen, nein, aufwachen tut wirklich keines. „Ob ich sie mit der Fußspitze ein wenig schubse*? Was kann mir schon passieren, ich probiere es einfach einmal aus", denkt Max und freut sich darüber, wie lustig die schlafenden Gespenster durcheinander kullern.

„Super, das hat wirklich Spaß gemacht", freut sich Max. „Aber jetzt will ich einmal ausprobieren, ob die Gespenster auch hüpfen können." Er nimmt einen Poltergeist nach dem anderen hoch* und lässt ihn auf dem Boden aufprellen*. Hm, hüpfen können sie ja ganz gut, aber leider liegen sie nach kurzer Zeit wieder unbeweglich am Boden. „Nun, dann will ich doch einmal testen, ob es mir nicht gelingt, alle Geister am Hopsen zu halten*!" Jetzt muss sich Max schon ganz schön sputen, muss alle aufmerksam beobachten*, damit ja kein Gespenst zur Ruhe kommt. Immer wieder schlägt er

leicht auf die Gespensterköpfe*. Na ja, manchmal prellt er sie auch ein wenig fester*, damit die Geister etwas höher vom Boden wegkommen und nicht so schnell wieder herunterfallen*.

Zwar ist er immer noch ein wenig skeptisch, ob er auch keinem seiner neuen Spielgefährten wehtut, aber er weiß ja, dass Gespenster körperlose Wesen sind. Und da niemand aufwacht und sich beschwert, scheinen sie auch keine Schläge oder Stöße zu spüren.

Weiter geht es nun mit den Gespensterspielen. Die Nachtgespenster sollen schweben, so wie sie es auch tun, wenn sie munter sind*.

Eigentlich ist es schade, dass die Gesellen so tief schlafen, denn sonst würden sie sicher ganz von allein in der Luft herumschweben. So aber muss Max sie immer wieder hochwerfen* oder von unten nach oben schubsen*. Mit ein wenig Übung gelingt es ihm, alle Geister in der Luft zu halten* und er achtet genau darauf, dass keines den Boden berührt*.

Max fällt schon sehr bald auf, dass ein Gespenst dabei ist, das besonders gute Flugeigenschaften besitzt. „Das ist jetzt mein Lieblingsgespenst", beschließt er und tauft es auf den Namen Kunigunde. Dann stellt er mit ihr jede Menge Versuche an: Er hält Kunigunde mit dem Kopf*, den Schultern*, den Unterarmen*, dem Bauch*, den Knien* und Füßen* in der Luft. Dann wirft* er sie gegen eine Wand und fängt sie wieder auf*. Zum Glück fliegt Kunigunde nicht besonders schnell und somit hat Max genügend Zeit, sich immer wieder auf das Auffangen vorzubereiten. Es klappt wirklich sehr gut.

„Ob ich das kleine Gespenst auf dem Handrücken durch den großen Eingangssaal des Gespensterschlosses tragen* kann, ohne es festzuhalten*?" Immer wieder will Kunigunde von seinen Händen herunterfliegen, aber Max passt ganz gut auf sie auf* und lässt sie nicht aus den Augen. Es scheint dem Lieblingsgespenst zu gefallen, auf Händen getragen zu werden und vor lauter Begeisterung hüpft* es nun mit kleinen Hopsern auf Max' Händen fröhlich auf und ab.

Max überlegt, ob das auch mit zwei Gespenstern gleichzeitig klappt und startet sofort einen Versuch, indem er auf jeder Hand eines hopsen lässt.* Na ja, ein Kinderspiel ist das nun gerade nicht, aber mit ein wenig Übung und der nötigen Aufmerksamkeit gelingt auch dieses Kunststück.

Mäxchen fallen immer noch neue Spielideen ein. So klemmt er sich ein Schlossgespenst zwischen seine Knie* und hüpft ausgelassen mit ihm vorwärts* und rückwärts* durch den Raum. Junge, Junge, da kommt er ganz schön aus der Puste und muss sich erst einmal für kurze Zeit ausruhen.

Ja, und beim Ausruhen kann Max so wunderbar darüber nachdenken, was er noch schnell alles anstellen will, denn Mitternacht ist nicht mehr weit. Er vermutet, dass die Geister schon ein oder zwei Stunden vor zwölf Uhr nachts nicht mehr ganz so fest schlafen und will es auf gar keinen Fall darauf ankommen lassen, von den Gespenstern im Schloss ertappt zu werden.

Es fällt ihm auf, dass es unheimlich ruhig im alten Schloss ist und daran muss er einfach etwas ändern! „Ich will noch ein wenig Gespenstermusik machen, damit hier etwas Stimmung in die Bude kommt." Aber wie macht man Musik, wenn man weder ein Radio noch ein Musikinstrument dabeihat? Dann müssen eben die Gespenster herhalten. Max stellt schnell fest, dass er durch Kneifen*, Reiben* und Rubbeln*, besonders dann, wenn er die Finger ein wenig anfeuchtet, tolle Geräusche erzeugen kann.

Ein Gespenstergedicht hat er sich schnell ausgedacht und in kurzer Zeit hat er auch eine kleine Melodie dazu komponiert. „He, das ist mein eigenes, wunderbares, supertolles Gespensterlied!", freut sich Max und begleitet sich beim Singen mit einem „Gespensterinstrument":

Kommt, ihr Gespenster, Groß und Klein,
ihr sollt heut meine Freunde sein.
Denn wenn die Poltergeister pennen,
lern ich sie aus der Nähe kennen.
Dann tun sie immer nur das, was ich will;
sie geistern nicht rum, sondern liegen fast still.

Max findet, dass das Gespensterkonzert ein wirklich guter Abschluss seines Ausflugs zum Schloss Gruselstein ist. Mit einem liebevollen Klaps* verabschiedet er sich von den schlafenden Geistern und macht sich vergnügt auf den Heimweg. Dabei singt er sein Gespensterlied leise vor sich hin.

Ob Max seinem Freund Axel irgendwann einmal von seinem Besuch auf Schloss Gruselstein erzählt?

Hilfen zur Durchführung:

Man benötigt relativ große Luftballons, die ziemlich dick aufgepustet und dann zugeknotet werden. Die sehr schmalen Schweife schneidet man aus dünnen Plasikmüllbeuteln und befestigt diese an den Knoten der Ballons. Mit einem Faserschreiber werden dann noch Augen und Mund, Haare und Ohren aufgezeichnet.

Die Bewegungsumsetzung ergibt sich aus dem Text der Geschichte.

Die Backofenmännchen

Material: Für jedes Kind benötigt man ein großes Baumwolltuch oder ein altes Geschirrtuch.

Zu Beginn liegen alle Kinder wie auf einem Kuchenblech nebeneinander auf ihrem Rücken.

Es duftet lecker in der Backstube, denn gerade eben sind die Backofenmännchen aus dem Ofen gekommen. Sie liegen nebeneinander auf dem Kuchenblech und sind noch ganz benommen von der großen Hitze, in der sie eben gebacken wurden.

Nach und nach kommt nun Leben in die kleinen Männer aus Hefeteig. Sie recken sich* und strecken sich* auf dem Blech, sie lockern ihre Arme und Beine*. Auch der Kopf muss bewegt werden, sie drehen* ihn abwechselnd zur rechten und linken Seite* und manchmal nicken* sie auch sehr energisch.

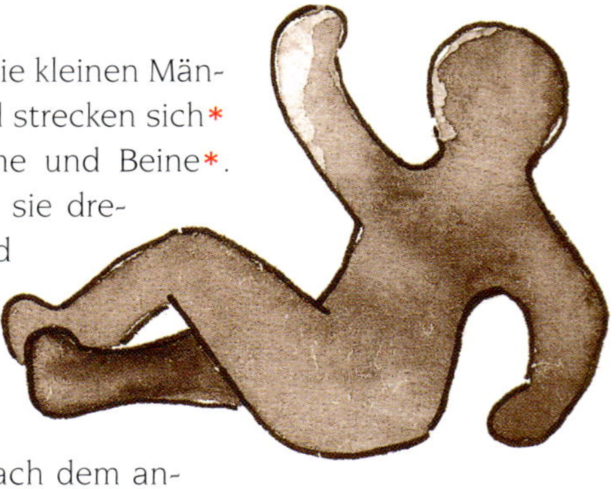

Ganz langsam steht ein Männchen nach dem anderen auf* und eines stöhnt: „Ach ja, was ist man doch ungeschickt und unbeweglich! Kommt, Freunde, lasst uns ein wenig Fitnesstraining machen!" Sofort starten die Backofenmännchen ihr spezielles Lockerungsprogramm und das beginnt mit dem Joggen kreuz und quer auf dem Kuchenblech herum*. Die Knie werden dabei, so gut es geht, hochgezogen* und die Arme tüchtig geschlenkert*. Einigen gelingt es sogar, ihre Schultern mehrmals bis an die Ohren hochzuziehen* oder die Hände über dem Kopf zusammenzuschlagen*. Danach folgen verschiedene Hüpfvariationen*, jeder hüpft eben gerade so, wie er mag oder kann und einer lernt vom anderen*.

Die kleinen Kerlchen merken aber sehr bald, dass sie es nicht gewohnt sind, so ausdauernd zu trainieren, denn es geht ihnen die Puste aus. Und deshalb beschließen sie, erst einmal ein wenig zu ruhen. Während dieser Pause meldet sich das Männchen, das ganz vorn an der Backofentür auf dem Blech lag, zu Wort:

„Bitte, liebe Freunde, hört mir jetzt einmal gut zu. Ich habe gehört, dass mit uns schon bald etwas Furchtbares geschehen soll. Noch bevor wir richtig abgekühlt sind, wird man uns in einen Supermarkt bringen und dort verkaufen. Wir werden dann in dunkle Einkaufstaschen gesteckt und später von hungrigen Kindern aufgegessen. Aber ich habe nicht so lange im Backofen geschwitzt, dass ich nun in kurzer Zeit in irgendeinem Kindermagen lande. Ich will hinaus in die weite Welt und aufregende Dinge erleben!"

Alle anderen Backofenmännchen sind beeindruckt von diesen Worten und klatschen Beifall*. Nein, so ein kurzes, erbärmliches Leben haben auch sie sich nicht vorgestellt. Aber was ist zu tun?

Das größte Weckmännchen hat eine gute Idee: „He, Leute, überlegt nicht lange, sondern folgt mir hier hinaus aus der Backstube! Wir gehen auf Entdeckungsreise."

Das lassen sich die anderen Männer aus Hefeteig nicht zweimal sagen, sie springen* mit großen Sätzen vom Kuchenblech, jeder schnappt* sich schnell im Vorbeilaufen noch ein herumliegendes Geschirrtuch und dann rennen* sie, was das Zeug hält, hinaus aus der Backstube.

Vor der Tür legen sie sich ihr Tuch über den Kopf*, damit sie nicht so schnell erkannt werden und gehen* langsam, um ja nicht aufzufallen, weiter.

Doch was ist das? Dicke Tropfen fallen vom Himmel und das ist gefährlich für unsere kleinen Männer, denn wenn sie aufweichen, dann können sie sich nicht mehr auf den Beinen halten. Sie halten nun das Tuch vor den Bauch und rennen* so schnell, dass sie es noch nicht einmal festhalten müssen.

Nach kurzer Zeit hört der Regen wieder auf und die kleinen Kerle schauen sich neugierig um. Was ist denn das für ein Ungeheuer, was da am Himmel herumtuckert? Ein riesengroßes Rad dreht sich ununterbrochen über seinem Kopf und das Ding kann fliegen. „Kommt, Leute, das können wir auch!" Und im Nu lassen alle Backofenmännchen ihre Tücher über den Köpfen kreisen*, dabei kurven* sie auf dem Feld umher und spielen Hubschrauber*.

Mit der Zeit wird jedes Spiel langweilig, das geht auch kleinen Weckmännern so. Deshalb entschließen sie sich, in Ruderboote zu steigen und von einem Ufer des nahe gelegenen Sees zum anderen zu rudern*. Natürlich will jeder zuerst drüben ankommen und so wird diese Bootsfahrt zu einem wüsten Wettkampf* aller miteinander und auch gegeneinander.

Zur großen Überraschung aller gelangen sie am anderen Ufer auf einen Spielplatz, auf dem allerhand zu entdecken ist. Zum Beispiel ein Karussell, auf dem man sich schnell wie der Wind um die eigene Achse drehen* kann, und das nicht nur, wenn man auf dem Popo sitzt*, sondern auch, wenn man auf dem Bauch liegt*. Oder ein anderes Modell, bei dem zwei Männchen miteinander im Kreis herumfahren können und sich an den zwischen sich gespannten Tüchern festhalten*.

Außerdem fährt dort eine Kindereisenbahn, in die alle mit großer Begeisterung einsteigen*. Sie fährt in vielen Kurven auf dem Gelände umher*. Wenn die Weichen falsch gestellt sind, muss sie ein Stück rückwärts fahren*, um dann wieder mit hohem Tempo* um alle anderen Spielgeräte herumzurattern.

Auf dem Spielplatz gibt es auch eine sehr schöne Fläche, die sich eigentlich hervorragend zum Rollerfahren eignen würde. Aber im Moment ist sie sehr stumpf und schmutzig. Nun, das ist doch kein Problem. Alle Backofenmännchen nehmen ihr mitgebrachtes Tuch und polieren* die Fläche, so gut sie können. Sie schieben den Lappen vor sich her*, reiben von rechts nach links*, von links nach rechts*. Sie wienern in allen Ecken* und sind erst zufrieden, als alles wieder glänzt und funkelt.

Jetzt kann es richtig losgehen mit dem Rollerfahren* und dem Skilaufen*. Jeder probiert aus*, was er auf dieser schönen, glatten Fläche machen kann, entweder allein oder zusammen mit einem Freund*.

Die Backofenmännchen haben beobachtet, dass andere Besucher des Spielplatzes mit einem Ball spielen. Leider haben sie keinen aber wenn man das mitgebrachte Tuch zusammenknüllt, kann man es auch hochwerfen und wieder auffangen*. Dabei kann man zum Fangen nicht nur die Hände, sondern alle möglichen Körperteile benutzen, zum Beispiel ein Bein*, den Rücken*, den Po* oder den Kopf*.

Lange haben die Männchen auf dem Spielplatz gespielt. Es wird Zeit für sie, sich ein Plätzchen für die Nacht zu suchen, denn schließlich müssen auch sie ein paar Stündchen schlafen. Beim Abschied vom Spielplatz winken* sie den zurückbleibenden Kindern freundlich mit ihren Tüchern zu.

Noch einmal benutzen sie den Hubschrauber*, damit sie schneller vorwärts kommen. Nach kurzer Zeit gelangen sie wieder in die Nähe der Backstube, aus der sie am Morgen abgehauen waren. Heimlich, und – damit niemand schimpfen kann – mit dem Tuch über dem Kopf,* schleichen* sie in die Bäckerei und legen* sich hübsch ordentlich nebeneinander wieder auf das leere Backblech. Sie tun so, als ob gar nichts gewesen wäre.

Hilfen zur Durchführung:

Bei allen Spielaktionen wird das Tuch als Hilfsmittel verwendet.

Rudern: Die Kinder sitzen auf dem Tuch, sie schieben bzw. ziehen sich durch Anhocken und Aufstellen der Füße und anschließendes Wegdrücken vorwärts bzw. rückwärts.

Karussell 1: Auf dem Tuch sitzend, mit angehockten Beinen, im Kreis drehen.
Die Übung kann auch in der Bauchlage durchgeführt werden.

Karussell 2: Zwei oder mehr Kinder stellen mithilfe ihrer Tücher Verbindungen zueinander her und drehen sich im Kreis umeinander herum.

Eisenbahn: Alle Kinder bilden mit ihren Tüchern als Waggonverbindungen einen langen Zug.

Rollerfahren: Das Tuch unter einen Fuß legen und sich mit dem anderen Fuß abstoßen.

Skilaufen: Zwei Kinder spielen zusammen. Eines hat unter jedem Fuß ein Tuch und übt Skilanglauf.
Anschließend wechseln.

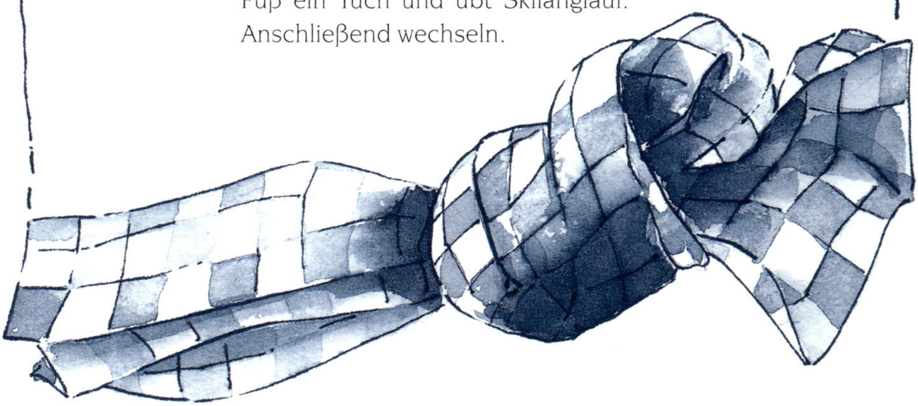

Gut zu Fuß

Mit nackten Füßen unterwegs

Material: Karnevalsschminkstifte und für jedes Kind eine Papierserviette.

Nina, Axel und Max sind von ihren Freunden zu einer Party eingeladen worden. Als die drei den Brief mit der Einladung erhalten, hüpfen sie begeistert hoch in die Luft*. Doch was stand da in dem Brief? „Lasst euch etwas Besonderes für eure Füße einfallen, denn die sollen bei diesem Fest die Hauptrolle spielen."

Auweia, was sollen wir denn mit den ollen Füßen anstellen? Nach einigem Grübeln hat Axel eine tolle Idee: „Kommt, wir malen uns auf jeden Fuß mit Karnevalsschminke ein hübsches Gesicht." Die Schminkstifte sind schnell herbeigeholt* und schon fliegen die Socken* durch die Luft, denn auf Strümpfen kann man ja schließlich nicht malen. Gegenseitig zeichnen sich die Kinder Augen, Nase und Mund, aber auch Ohren und Haare auf die Füße* und sie haben viel Spaß dabei.

„Das sieht ja wirklich putzig aus. Ich schlage vor, wir geben unseren Füßen Namen", meint Nina. „Was haltet ihr von Herta für den rechten und Berta für den linken Fuß?" „Oh ja, die passen gut, die nehmen wir!" Max und Axel sind begeistert. Nun schreiten* sie mit ihren bemalten Füßen stolz umher, denn die Malereien sind richtig gut gelungen und dann machen sie sich auf, um auf die Party zu gehen*.

Der Weg ist nicht sehr weit, deshalb kommen sie schon bald bei ihren Freunden an. Aber was für ein Zufall! Alle Gäste hatten die gleiche Idee wie Axel und haben sich auch Gesichter auf die Füße gemalt. Mit großem Gelächter begrüßen sie sich gegenseitig und erfinden immer wieder andere Möglichkeiten, wie man dies tun kann*, denn, wie überall im Leben, gibt es auch hier vornehme und plumpe, schüchterne und mutige Leute und die begrüßen sich natürlich ganz unterschiedlich*.

Beim Begrüßen ist den Kinder aufgefallen, dass sich die Gesichter bei jeder Bewegung verändern und verzerren. Durch eine andere Fußhaltung entsteht auch ein anderes Gesicht. Natürlich möchten sie beobachten, was mit den Gesichtern passiert, wenn man ganz hoch auf den Zehenspitzen geht* oder nur auf den Fersen stapft* und dabei die Zehen ganz stark hochzieht*. Wie sieht es aus, wenn man auf einem Bein steht und mit der Fußspitze des anderen Beins einen Kreis in die Luft malt*?

Ein Kind unter den Gästen kann seine Zehen sehr weit auseinander spreizen* und dann auch wieder sehr stark einkrallen*. Das ist natürlich ein Anreiz für alle anderen, dies auch zu versuchen. Dem einen gelingt es besser, dem anderen schlechter, aber das ist ja nicht so wichtig, die Hauptsache ist, man hat es versucht. Und dann bewegen sie sich kreuz und quer* durch den Bewegungsraum, zuerst auf den Zehenspitzen tip-tip-tip-tip*, dann einige Schritte auf den Fersen, tap-tap-tap-tap*.

Plötzlich erklingt Musik. Nun kann keiner seine Füße still halten. Herta, Berta und die anderen Gäste bewegen sich im Takt und finden immer wieder neue Bewegungen, die sie zur Musik machen können*. Sie schleichen und stampfen, springen und tanzen, wippen und schlenkern die Beine.

In irgendeiner Ecke liegt ein ganzer Stapel Servietten. Herta nimmt sich eine, faltet sie mit Bertas Hilfe geduldig auseinander* und trägt sie vorsichtig umher*. Das ist gar nicht so einfach! Einkrallen, festhalten und vorwärts gehen ... und immer wieder fällt das dumme Ding auf den Boden. Berta glaubt natürlich, dass sie es viel, viel besser kann. Aber da hat sie sich getäuscht, es scheint so, als falle es ihr noch schwerer als Herta. „So ein Mist", knurrt sie beschämt und möchte sich am liebsten verstecken. Zum Glück gibt es ja noch die gute Herta, sie nimmt die Serviette hoch und deckt ihre Zwillingsschwester damit zu*. „Nein, das will ich auch nicht!", schreit Berta und schleudert das Tuch so weit wie möglich in die Luft*. Und es dauert gar nicht lange, da fliegen überall Servietten herum*. Die Kinder versuchen, sie aufzufangen, mit den Händen, aber natürlich auch mit den Füßen.

Schließlich sind alle Füße müde, denn sie haben sich wirklich unglaublich angestrengt. Sie möchten nicht mehr länger die Hauptdarsteller bei dieser Party sein. Und damit das Spiel ein Ende hat, zerreißen sie die Servietten in viele kleine Stücke*. Diese Fetzen greifen Herta, Berta und die anderen Typen, tragen* sie Stück für Stück zu einem bereitstehenden Papierkorb und werfen sie hinein.

Zum Schluss werden alle Füße noch einmal ordentlich ausgeschüttelt* und mit einem freundlichen Zehenwinken* verabschieden sie sich voneinander und trippeln, stampfen oder schleichen zufrieden nach Hause.

Hilfen zur Durchführung:

Die Kinder können die Spielmöglichkeiten aus der Geschichte entnehmen. Für den Einsatz von Musik eignet sich im Prinzip jede Popmusik.

Olympische Kinderspiele

Material: Einige Bälle.

Axel und seine kleine Freundin Nina sitzen im Garten auf einer Bank und lassen die Beine baumeln. „Du, Axel", sagt Nina plötzlich, „meine Mami hat gesagt, dass bald die Olympischen Spiele beginnen. Weißt du, das ist ein Sportfest, bei dem es ganz viele verschiedene Wettbewerbe gibt und überall kann man goldene Medaillen gewinnen. So eine Medaille hätte ich auch gerne. Ich habe gerade Lust, Olympische Spiele zu spielen. Machst du mit?" „Na klar, ist doch Ehrensache", stimmt Axel begeistert zu, „wir laufen uns schon einmal etwas warm*, denn schließlich wollen wir ja keine Zerrung im Bein kriegen. Und dann müssen wir noch die Arme ordentlich locker machen* und die Beine ausschütteln*."

„Mein Lieblingssport ist Reiten", sagt Nina und schon scharren* die Pferde ungeduldig mit ihren Hufen. Sie galoppieren* beide los, springen* über nichtvorhandene Hindernisse und Wassergräben, galoppieren* und traben vorwärts* und seitwärts*. Beim Seitwärtstraben müssen die beiden gut aufpassen, damit sie sich keinen Knoten in die Beine machen.

„Jetzt darf ich aber eine Sportart vorschlagen", sagt Axel, „nämlich einen richtigen Jungensport, und zwar Boxen." Nur so im Spaß boxen sich die beiden*, tänzeln umeinander herum*, ducken* sich ab und fallen k. o. auf den Boden*. Da liegen sie nun beide und lachen sich kaputt! Nein, das war wirklich noch nicht meisterlich, da müssen Axel und Nina noch ein wenig üben.

„Dann probieren wir eben eine andere Sportart aus", meint Nina, „zum Beispiel Schwimmen." Schwimmen ist gut, das haben beide schon oft geübt und auch schon die Seepferdchenprüfung bestanden. Sofort liegen sie auf der Erde und paddeln um die Wette*, schade nur, dass sie dabei gar nicht vorwärts kommen. Brustschwimmen*, Rückenschwimmen*, Schmetterling * und Kraul*, das sind die Schwimmarten und die üben sie auch alle vier*. „Das ging aber gar nicht so gut, irgendwie klappt Schwimmen im Wasser viel besser", meint Axel.

„Ich will jetzt turnen!", ruft Nina, „turnen kann ich am besten." Und so üben sie den Zappelhandstand*, das Rad*, die Standwaage* und den Purzelbaum*, oh, Verzeihung, natürlich die Rolle! Das ging nun wirklich viel, viel besser. Deshalb denken sich Axel und Nina jeder eine kleine Übung aus, bei der die einzelnen Kunststücke hintereinander geturnt werden*.

Axel macht den nächsten Vorschlag: „Wir versuchen es jetzt mit der Leichtathletik, das habe ich schon häufig im Fernsehen gesehen." „Oh, ja", ruft Nina, „wir laufen um die Wette. Auf die Plätze – fertig – los!" „Halt, halt", ruft Axel, „wir müssen doch zuerst in die Startposition gehen*, dann kann man viel schneller weglaufen." Sie hocken sich nieder* und schon geht das Rennen los. Natürlich sind alle beide sehr schnell und man kann wirklich kaum entscheiden, wer bei diesem Lauf gewonnen hat.

Aber nun kommen die nächsten Disziplinen dran, das Weitspringen* und das Dreispringen*. Na ja, weit springen kann ja eigentlich jeder, aber das mit dem Dreisprung, das ist gar nicht so einfach. „Puh", stöhnt Nina, „da tun mir ja richtig die Beine weh! Vielleicht sollte ich doch lieber Speerwerfen trainieren oder Diskuswerfen ..."

„Na klar", meint auch Axel, „beim Speerwerfen läuft man einfach schnell an und wirft dann einen langen Stab über die Schulter nach vorn ab* und beim Diskuswerfen muss man sich einmal um sich selbst drehen und dann eine flache Scheibe wegschleudern*." „So etwas Dummes, da weiß man ja gar nicht mehr, wo hinten und wo vorn ist. Das sieht im Fernsehen wirklich alles viel, viel einfacher aus."

„Aber du, Nina, bei den Olympischen Spielen gibt es auch ein Fußballturnier. Das wäre vielleicht die richtige Sportart für uns", schlägt Axel vor. Schnell holen sie sich einen Ball und schon geht das Kicken* los. Sie jagen* sich immer wieder gegenseitig den Ball ab. Jetzt sind die beiden bei der Sportart angekommen, die ihnen am meisten Spaß macht. Hin und her geht es auf dem gedachten Spielfeld, Axel und Nina spielen so lange, bis sie erschöpft auf dem Boden herumkullern.

Und welche Sportarten fallen dir/euch noch ein?

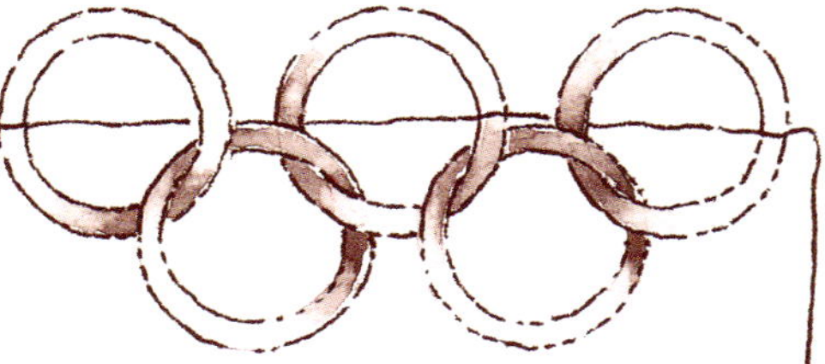

Hilfen zur Durchführung:

Die einzelnen Sportarten werden nach den bisher gemachten Erfahrungen der Kinder pantomimisch dargestellt und neue „Techniken" werden ausprobiert.

Schmuddelwetter

Material: Für jedes Kind mehrere Doppelseiten einer Zeitung, etwas Klebestreifen.

Axel, Max und Nina sitzen mit hängenden Köpfen im Wohnzimmer herum und langweilen sich. Eigentlich wollten sie heute draußen im Wald spielen, daraus wird nun leider nichts, denn es regnet seit Tagen ununterbrochen.

Es scheint so, als käme in kurzer Zeit so viel Wasser vom Himmel herunter, dass es ausreichen könnte, einen Ozean damit zu füllen. Also, ans Rausgehen ist heute überhaupt nicht zu denken, obwohl besonders Nina große Lust hätte, einmal bei Regenwetter neue Entdeckungen zu machen.

„He", sagt sie zu den beiden Jungen, „ich habe eine gute Idee. Lasst uns doch einfach so tun, als hätte es hier ins Zimmer geregnet. Kommt, wir legen die Zeitungen auf den Boden und stellen uns vor, dass es lauter Pfützen wären." Zwar können sich Axel und Max noch nicht so richtig vorstellen, was aus diesem Spiel werden soll, aber sie wollen keine Spielverderber sein und legen alle verfügbaren Zeitungen auf dem Fußboden aus*.

„Schaut nur, wie viele Pfützen sich auf den Straßen gebildet haben", sagt Nina. „Zu schade, dass wir keine Gummistiefel anhaben, deshalb müssen wir wohl oder übel um alle Pfützen herumrennen*."

„Aber ich kann auch über die Pfützen springen*, ohne einen nassen Strumpf zu bekommen", meint Axel. „Prima, dann lasst uns doch ausprobieren, wie viele verschiedene Arten von Sprüngen wir zusammen finden, mit denen wir über die Pfützen springen können*." Ausgelassen toben die drei durchs Zimmer und sie beginnen, so richtig Spaß an der Sache zu finden. Sie sind so in ihr Spiel vertieft, dass sie überhaupt nicht mehr unterscheiden können, ob sie nun wirklich im Regenwetter spielen oder nicht. Plötzlich ist es ihnen auch egal, ob die Socken trocken bleiben, sie springen im hohen Bogen mitten in die Pfützen hinein* und das Wasser spritzt nach allen Seiten weg.

Immer noch gießt es in Strömen. Unseren drei Freunden läuft das Wasser über den Kopf und in den Kragen hinein. Aber zum Glück gibt es ja genügend weitere Zeitungsblätter, mit denen man sich gegen den Regen schützen kann. Axel trägt eine Zeitung über seinem Kopf*, Nina hat sich einen Regenumhang gebastelt* und Max rennt mit einem Stück Zeitung vor dem Bauch so schnell durch die Gegend, dass er es nicht einmal festzuhalten braucht*. In ihrer neuen Regenschutzkleidung rascheln die drei um alle

Pfützen herum*. Sie schurren mit den Füße das Wasser weg*, sodass nach kurzer Zeit nur noch klitzekleine Pfützen auf dem Boden liegen. Die drei Kinder sammeln* viele dieser kleinen Schnipsel zusammen und werfen* sie übermütig in die Luft, sodass sie wie Sterntaler vom Himmel fallen. Es ist einfach toll, unter diesem „Zeitungsregen" durchzulaufen*.

Irgendwann, als der Regen ein wenig nachgelassen hat, schauen sich die drei Freunde gegenseitig an und stellen fest, dass sie bei der Wasserschlacht ziemlich nass und schmutzig geworden sind.

Aber wo ist das Problem? Mit einem zusammengefalteten Zeitungsblatt klopfen sie sich gegenseitig den Dreck von Armen und Beinen, von Bauch und Rücken*. Oft reicht das bloße Klopfen nicht, man muss schon ordentlich rubbeln*, will man den Schlamm und Matsch von Pullis und Hosen herunterbekommen. Schließlich müssen auch noch die Haare trocken gerieben* werden und schon bald fühlen sich die Kinder wieder einigermaßen wohl.

Ob es noch weiteren Regen gibt? Der Himmel sieht noch immer ziemlich grau und trostlos aus. Vielleicht könnte man mit einem Fernrohr hinter die dicken Wolken schauen! „Das ist ja nun wirklich die einfachste Sache der Welt", meint Axel. „Da machen wir uns doch schnell selbst ein Fernrohr. Dazu müssen wir nur ein Zeitungsblatt so zusammenrollen, dass ein Rohr entsteht*, und dann können wir unsere Wetterbeobachtungen machen." Schnell sind die Ferngläser fertig zusammengerollt und mit einem kleinen Stück Klebestreifen fixiert. Axel, Max und Nina suchen sofort den Himmel nach einem Fitzelchen blauer Farbe ab*, aber sie sehen weiter nichts als dicke, graue Wolken. Pech gehabt, aber vielleicht entdeckt* man irgendwelche interessanten Dinge auf dem Boden oder in der Umgebung.

Ohne viele Verabredungen entsteht ein lustiges Suchspiel: „Ich sehe was, was du nicht siehst und es ist rund und blau!", sagt Nina. Die beiden Jungen machen sich auf die Suche und finden schon bald den gewünschten blauen Ball. „Ich sehe was, was du nicht siehst und das ist länglich und innen schwarz!" Nina und Max suchen* mit ihren Ferngläsern den ganzen Raum ab, wollen schon verzweifelt und mutlos aufgeben, als sie schließlich doch noch das dunkle Schlüsselloch in der Tür entdecken*. Und so geht es eine ganze Zeit weiter mit diesem Suchspiel*, bis wieder eine neue Idee auftaucht: Diesen Stab aus Zeitungen kann man auch auf verschiedenen Körperteilen, zum Beispiel auf der flachen Hand*, der Nase* oder der Stirn balancieren*. Und rollen kann er. Mit einem Finger oder dem Fuß schubst* man ihn vorsichtig an. Wenn man sich auf den Boden kniet, kann man die Rolle vor und zurück*, von rechts nach links rollen*. Axel, Nina und Max probieren natürlich auch aus, ob er auf dem Rücken eines Freundes oder auf den eigenen ausgestreckten Beinen kullern kann*.

Plötzlich hält Max das Rohr an sein rechtes Ohr*. Nina schaltet sofort: „Aha, ein Hörrohr hat er da, da will ich ihm doch gleich einmal etwas flüstern." Eine geheime Nachricht macht jetzt die Runde*. Und beim Zuflüstern entdecken die drei Freunde, dass man auch mit leichten Kratz- und Klopfbewegungen merkwürdige Geräusche im Ohr hat*. Nun gibt es kein Zögern mehr, sie experimentieren* mit diesem Klangverstärker und haben immer neue Einfälle.

Doch irgendwann wird auch dieses Spiel langweilig. Und außerdem braucht die Bande jetzt etwas mehr Bewegung! Ballspiele sind angesagt. In Windeseile sind etliche Bälle zusammengeknüllt* und schon fliegen die ersten Wurfgeschosse durch die Luft*. Ein Glück nur, dass diese Bälle niemandem wehtun, denn das Temperament geht schon bald mit den Kindern durch. Ob mit Händen oder Füßen, es ist ihnen völlig egal, wie das Spiel heißt, wichtig ist nur, dass die Fetzen fliegen und sie ordentlich Spaß beim Toben haben*.

Vor Erschöpfung liegt Max bald platt am Boden*. Er wird schnell von den anderen beiden mit all den Zeitungsresten, die auf dem Teppich herumliegen, bis über den Kopf zugedeckt*. Nur hin und wieder streckt er einen Finger oder einen Fuß heraus, damit die beiden Freunde wieder etwas zu tun haben. Aber lange hält er es unter der warmen „Decke" nicht aus, er wuselt sich aus all den Zeitungen heraus* und hilft danach gern dabei, auch Nina und Axel unter einer Papierschicht vollkommen verschwinden zu lassen*.

Axel, Max und Nina sitzen am Ende ziemlich erledigt am Boden und wundern sich, was aus ihrem Spiel im Regen geworden ist. Schnell räumen sie gemeinsam die Zeitungsreste auf* und wenden sich schon bald einem neuen Spiel zu.

Hilfen zur Durchführung:

TAGESZEITUNG

Pfützen: Auf dem Boden liegende Zeitungsblätter.

Verschiedene Sprünge: Schlusssprung (mit beiden Beinen abspringen und landen).
Laufsprung (aus dem Lauf einen möglichst großen Schritt machen).
Sprünge mit Absprung und Landung auf demselben Bein.
Hockwende (mit beiden Händen auf den Boden fassen).
Pferdchensprung (Knie in der Luft nacheinander hochziehen).

Regenumhang: Ein Loch in den Knick der Zeitung reißen und den Kopf durchstecken.

Die Schneemannschule

Bewegungsspiele im winterlich verschneiten Garten oder Feld.

Material: Eventuell etwas Fingerfarbe oder in Wasser aufgelöste Lebensmittelfarbe.

Da steht er im Garten, der dicke, kugelrunde Schneemann und guckt uns mit seinen schwarzen Kulleraugen an. Aber warum ist er nur so traurig? Gestern, als wir ihn gebaut haben, hat er noch ein ganz fröhliches Gesicht gemacht. Aber heute? Am besten wird sein, wenn wir einfach zu ihm hingehen und ihn fragen: „He, Schneemann, warum guckst du so traurig? Bist du etwa krank, tut dir etwas weh? Bitte, bitte, sag uns doch, was wir tun können, damit du wieder fröhlich bist."

Der dicke Schneemann murmelt etwas vor sich hin, was wir nicht verstehen können. Wir gehen ganz nahe an seinen Mund heran und dann flüstert er uns ins Ohr: „Sagt mir doch bitte, warum bin ich nur so furchtbar, furchtbar dumm? Wozu habt ihr mich nur gebaut, wenn ich zu nichts nütze bin? Ich kann mich nicht bewegen, ich kann nicht sprechen und nicht denken. Gar nichts kann ich! Nur einfach so dastehen kann ich. Gestern habe ich gehört, dass die Menschenkinder in die Schule gehen und dort ganz viel lernen. Ich möchte auch so gern mehr können, als immer nur dumm im Garten herumzustehen. Bitte, bitte, ich möchte so gern etwas von euch lernen!"

Es ist doch wohl Ehrensache, dass wir sofort scharf nachdenken, wie dem guten Mann geholfen werden kann! Na klar, das ist die Lösung! Eine Schneemannschule muss her. Und mit ihrer Gründung wollen wir auch gleich beginnen. Aber was ist eine Schule ohne Stundenplan? Welche Fächer sind für einen Schneemann wichtig?

Nach kurzem Überlegen haben wir den Schneemannstundenplan fertig und er sieht so aus:

1. Stunde	Schreiben und Rechnen
2. Stunde	Sport
Große Pause	
3. Stunde	Malen und Basteln

Also fangen wir gleich mit dem Schreiben und Rechnen an. Eigentlich benötigt man dazu ja Papier und einen Bleistift oder eine große Tafel, aber hier draußen im Schnee können wir auch mit unseren Füßen schreiben. Wir setzen einen Fuß ganz dicht vor den anderen* und schon entstehen durch Striche und Bögen einige Buchstaben und Zahlen im Schnee. „Schau her, lieber Schneemann, das ist ein großes A, und guck hier, dies ist ein O! Zwei Kringel, die übereinander stehen, bilden eine 8 und diese kurze Linie an dem langen Strich, das ist eine 1."

Immer wieder entstehen unter unseren Füßen neue Buchstaben und Zahlen*, doch endlich wird der Platz knapp. Aber das ist doch für uns kein Problem, wir suchen uns einen Stock und schreiben* weiter. Erst dann, wenn kein bisschen Schnee mehr dort liegt, wo er vorher einmal lag, dann ist die erste Schulstunde zu Ende.

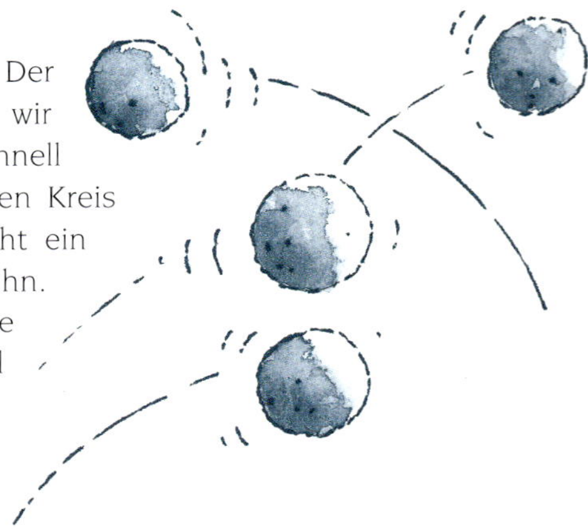

Nun folgt unsere Lieblingsstunde: Der Sportunterricht ist dran. Zuerst laufen wir alle um die Wette. Jeder läuft* so schnell und so lange er kann in einem großen Kreis herum. Schaut einmal hin, es entsteht ein richtiger Sportplatz mit einer Laufbahn. Wir legen alle noch eine große Runde zurück* und müssen dann erst einmal Luft holen.

Nun sollten wir ein wenig Werfen üben. Und was braucht man dazu? Natürlich Bälle! Am besten nehmen wir Schneebälle, denn die können wir uns ganz leicht selbst herstellen*. Nach kurzer Zeit ist eine muntere Schneeballschlacht* im Gange. Passt gut auf, dass ihr keine Schneebälle ins Gesicht bekommt, denn das kann arg wehtun.

Wenn alle Schneebälle verbraucht sind, heißt es: Wir kullern* und rollen*. Hierbei muss ich euch ja wirklich nicht erklären, wie das geht. Perfekte und auch weniger gelungene Purzelbäume* rollen im Schnee herum und wo es sanft oder steil bergab geht, da kullern* lauter Baumstämme den Hügel hinunter. Und herrlich weich ist es im Schnee! Allerdings darf man keine Angst davor haben, dass man etwas von dem weißen, kalten Zeug ins Gesicht oder in den Kragen bekommt.

Juchu, nun sehen wir auch alle wie Schneemänner aus, von oben bis unten sind wir weiß bepudert. Aber das macht ja nichts, das kann man alles wieder abklopfen*. Dabei können wir uns natürlich gegenseitig ein wenig helfen*.

Wenn ihr noch Lust habt, dann können wir noch ein wenig Springen üben. Dazu bauen* wir uns aus Schnee einen Hügel, trampeln* ihn ganz fest und stellen uns oben auf die Spitze. Von dort springen* wir mit einem weiten Satz nach unten. Ach, der Hügel ist euch noch zu niedrig? Ja, dann müssen wir einfach noch etwas Schnee zusammenschieben* und ihn auf dem Hügel festklopfen*. Und dann springen wir wieder mit lautem Freudengeheul runter:

Nun ist auch die zweite Schulstunde zu Ende und wie in jeder Schule so gibt es auch in der Schneemannschule jeden Vormittag eine große Pause. Dann werden Apfelsinen geschält, Äpfel und Butterbrote gegessen und warmer Tee getrunken*. Natürlich darf dieser Tee nicht zu heiß sein, denn sonst schmilzt uns der Schneemann noch dahin und bleibt als große Pfütze liegen.

Diese Pause tat wirklich gut. Wir haben uns ausgeruht und können nun noch den Kunstunterricht genießen. Hier darf sich jeder ausdenken, was er bauen möchte. Es könnten verschiedene Tiere* entstehen oder ein Iglu*. Vielleicht eine Eisenbahn* oder eine Rakete*? Ich bin gespannt, was euch alles einfällt*. Und wenn ihr Lust habt, könnt ihr die Schneegebilde mit Fingerfarbe oder aufgelöster Lebensmittelfarbe noch verschönern*.

Aber nun ist der Schultag zu Ende. Hast du gut aufgepasst und dir den Unterrichtsstoff gut gemerkt, lieber Schneemann? Dann kannst du ja all das, was dir gefallen hat, nachmachen. Wir würden dir gern dabei zuschauen, aber wir müssen erst einmal nach Hause gehen und uns aufwärmen. Dann also bis morgen, mach's gut, lieber, dicker, kugelrunder Schneemann!

Hilfen zur Durchführung:

Sollte der gesamte Schultag für einen Ausflug in den Schnee zu lang sein, kann man selbstverständlich den Stundenplan auf zwei Tage verteilen.

III Durchs ganze Jahr

Kennt ihr die Namen der 12 Kinder, die ein Jahr hat? Na klar, die kennt doch jedes kleine Kind. Aber wisst ihr auch, wie unterschiedlich diese Kinder sind? Jedes von ihnen hat seine Vorlieben und Eigenheiten. Und das ist auch gut so, denn sonst könnte man sie ja gar nicht voneinander unterscheiden. Habt ihr Lust, die einzelnen Monate näher kennen zu lernen? Na, dann fangen wir doch gleich einmal mit dem Januar an:

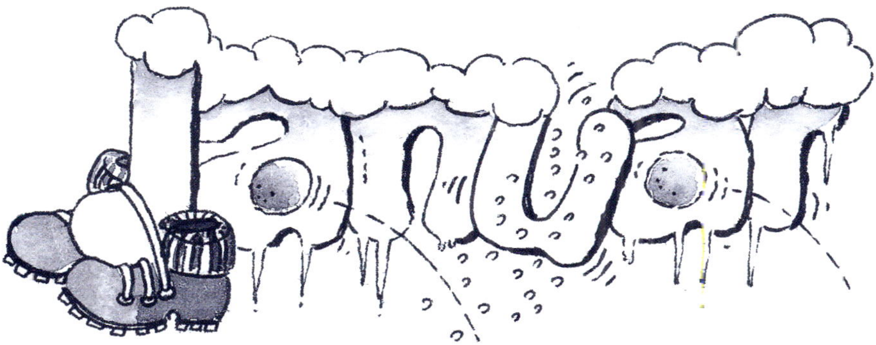

Material: Viele Wattebällchen oder Styroporchips (Schneeflocken).

Bibber-bibber, darf ich mich vorstellen, ich bin der Januar. So lange ich denken kann, friere ich immer nur. Mir schlottern die Arme* und die Beine* und oft zittere ich am ganzen Körper*. Ich muss mich immer so dick anziehen, dass ich mich nur ganz langsam und unbeholfen bewegen kann*. Wegen der dicken Schuhe, die ich an meinen Füßen habe, mache ich beim Laufen ganz schreckliche Geräusche. Entweder ich schurre und schlittere über den eisglatten Boden* oder ich trampele wie ein Elefant* durch die Gegend.

Es gibt allerdings auch Tage, an denen geht es mir wirklich gut. Und wisst ihr, was ich dann tue? Ich lasse es stundenlang schneien! Und wie toll es ist, wenn die vielen Schneeflocken in der Luft herumtanzen*, das habt ihr bestimmt auch schon erlebt. Viele Kinder hüpfen* dann übermütig draußen herum und rufen: Es schneit, es schneit!

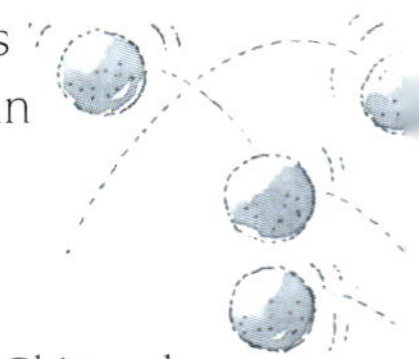

Wenn dann genug Schnee auf den Feldern liegt, dann laufe ich Ski* oder kullere ausgelassen auf der weichen, kalten Unterlage herum*. Am schönsten ist es für mich, wenn die Kinder mit mir eine tolle Schneeballschlacht machen*. Dann fliegen mir die weißen Bälle nur so um die Nase. Wenn meine 31 Tage dann vorbei sind, löst mich mein Bruder Februar ab.

Material: Luftschlangen und Luftballons.

Hm-tata, hm-tata, der Februar ist endlich da! Gestatten, dass ich mich vorstelle? Ich bin der Wintermonat mit dem lustigsten Fest, das man sich denken kann. Na klar, ihr kennt ja alle den Karneval oder den Fasching, wie man ihn in anderen Gegenden nennt. Bei mir marschieren viele, viele Leute in langen Festzügen durch die Städte*, es wird Musik dabei gemacht* und auf der Straße getanzt*.

Die meisten Menschen verkleiden sich bei diesem Fest. Da gibt es zum Beispiel sehr viele Clowns. Die sind so tollpatschig, dass sie über ihre eigenen Füße stolpern*. Manchmal machen sie auch Purzelbäume* oder stützen sich auf die Hände und zappeln mit den Füßen in der Luft herum*, sind schrecklich neugierig und stecken ihre Nase in alle Ecken* oder gehen mit herabhängenden Schultern unendlich traurig umher*.

Dann gibt es auch andere Typen: Die Cowboys schwingen ihre Lassos über dem Kopf*, die Indianer laufen mit lautem Kriegsgeschrei* durch die Gegend und die Tänzerinnen mit ihren kurzen Röckchen hüpfen pausenlos herum*, ziehen ihre Knie immer wieder ganz hoch* oder schlenkern ihre Beine in die Luft*.

Bei mir gibt es auch die Zeit, in der man jede Menge Luftschlangen verbraucht. Man kringelt* sie über den Boden, läuft* oder springt über sie hinweg*, kann sich von einem Freund damit einwickeln lassen* oder zieht sie als Schlange hinter sich her*. Ich habe auch schon beobachtet, dass einige Kinder sich die Luftschlangen in den Hosenbund gesteckt haben*, andere dann hinterherliefen, um sich ein Stück der Schlange zu stibitzen*.

Ebenso beliebt wie die Luftschlangen sind im Februar auch die Luftballons. Kinder, was kann man mit einem solchen dick aufgeblasenen und verknoteten Spielgerät alles anstellen! Beispielsweise kann man einen Luftballon mit beiden Knien einklemmen und damit dann laufen* oder hüpfen*. Ich denke, auch ihr habt euch einen Luftballon schon einmal mit den Köpfen zugespielt* oder mit dem Kopf über den Boden geschubst*. Und mit welchen Körperteilen könnt ihr ihn in der Luft halten*? Ich finde es einfach toll, dass man mit Luftballons so vieles spielen kann, ohne sich jemals wehzutun, und ich bin sicher, euch fallen noch jede Menge weitere Spielmöglichkeiten ein*. Wenn ihr alles ausprobiert habt, dann sind meine 28 oder 29 Tage vorbei und dann schicke ich euch meinen Bruder.

Guten Tag, ich bin der März. Mit mir geht so langsam die kalte Jahreszeit zu Ende. Es wird Frühling und das merkt man daran, dass die ersten Frühlingsblumen ihre Knospen aus der Erde herausschieben*. Wenn die Sonne scheint, wachsen sie*, werden immer größer* und öffnen schließlich ihre bunten Blüten*.

Auch die Ameisen krabbeln langsam und immer noch müde aus ihren Hügeln heraus* und wollen sich ein wenig aufwärmen. Weil es in der Natur jetzt wirklich spannend ist und es jeden Tag etwas Neues zu entdecken gibt, unternehmen viele Familien einen Sonntagsspaziergang in den Wald*. Bei den letzten Winterstürmen sind dort einige Bäume umgefallen und man kann auf ihnen balancieren* oder über sie hinwegspringen*.

Ich finde es wirklich wichtig, dass man sich bei solchen Spaziergängen zum Beobachten genügend Zeit lässt, denn dann kann man einzelne kleine Käfer bei ihren Krabbelversuchen* beobachten. Besonders lustig sieht es aus, wenn einzelne Käfer auf ihrem Rücken liegen* und ganz verzweifelt mit ihren sechs Beinen strampeln*. Zum Glück gelingt es ihnen nach einiger Zeit wieder, sich umzudrehen und auf den Beinen zu stehen* und dann starten sie zu einem Rundflug* über die nahe Wiese.

Ihr seht, dass es mehr die kleinen, weniger aufregenden Dinge sind, die man bei mir erleben kann und trotzdem lieben mich alle Leute, weil sie sich auf den Frühling so sehr freuen.

Und der beginnt dann bei meinem Bruder, dem April.

Hilfen zur Durchführung:

Die Blumen wachsen lassen:

Aus der Hocke langsam empor strecken, dabei die Arme wie eine Blütenknospe zunächst geschlossen über dem Kopf halten, dann die Hände zu einer Blüte öffnen.

Alle anderen Bewegungsmöglichkeiten können von den Kindern leicht nachvollzogen werden.

„April-April!" Dass es bei mir immer ausgelassen und fröhlich zugeht, das sieht man schon an meinem ersten Tag. Da spielen sich nämlich die Leute lustige Streiche, man nennt dies: *in den April schicken*. Aber das Besondere an mir ist, dass ich vor allem für die Kinder eine außerordentliche Überraschung habe: Wenn ich an der Reihe bin, dann kommt der Osterhase. Mit seinen langen Ohren* hoppelt er schon früh am Morgen in allen Gärten herum* und versteckt viele bunte Ostereier*, die die Kinder dann suchen* müssen. Sie schauen an allen möglichen Stellen nach*, ob sich dort ein buntes Osterei befindet.

Selbstverständlich haben Hasen auch Kinder und die kann man, wenn man aufmerksam ist, beim Spielen beobachten. Wisst ihr, was ihr Lieblingsspiel ist? Sie jagen am liebsten hintereinander her*, spielen also Nachlaufen und Fangen, genau wie die Menschenkinder!*

Manches Mal habe ich, der April, allerdings sehr wechselhafte Laune und dann kann es passieren, dass es regnet, auch wenn gerade noch die Sonne geschienen hat. Meistens lasse ich es dabei auch noch donnern und blitzen. Das hört sich dann so an:

Die ersten Regentropfen tröpfeln auf die Erde*, anfangs sind es nur ganz wenige*, aber mit der Zeit werden es immer und immer mehr*. Riesige Wassermassen fallen nun von oben, die Wassertropfen trommeln auf den Erdboden*.

Ein heller Blitz zuckt über den dunklen Himmel* und gleich darauf folgt ihm ein lauter Donner*! Und immer noch regnet es unglaublich stark*. Doch so schnell, wie es kam, entfernt sich das Gewitter wieder. Es ist nur noch ein leises Grummeln* zu hören. Auch der Regen lässt nach*, bis schließlich nur noch einzelne Tropfen von den Blättern fallen*. Und dabei strahlt schon wieder die Sonne* und sie tut so, als sei nichts gewesen.

Hilfen zur Durchführung:

Hasenohren: Die Hände rechts und links neben dem Kopf senkrecht in die Luft stellen.

Aprilwetter: Die unterschiedlichen Geräusche, die schwacher oder starker Regen verursacht, werden durch Fingerspitzen, Fingerknöchel oder die flache Hand dargestellt. Beim Donner trommeln die Fäuste laut, beim Grummeln leise auf den Boden. Die strahlende Sonne wird durch einen weit ausholenden Armkreis angedeutet.

Material: Einen Ball für jedes Kind.

Hallo, Kinder, da bin ich endlich! Ich bin der Mai! Ich bringe wieder Farbe in die Welt, denn nun entfalten sich die Blätter an den Bäumen und die Blumen zeigen sich von ihrer schönsten Seite.

Die ersten Schnecken lassen sich blicken und kriechen* mit ihren Häusern auf dem Rücken langsam über unseren Weg. Wenn sie sich nicht bedroht fühlen, kommen sie ganz weit aus ihrem Haus herausgekrochen*, aber wenn man sie stört, dann ziehen sie sich blitzschnell zurück*.

Die Pferde galoppieren wieder auf der Koppel herum* und freuen sich, dass sie sich endlich wieder richtig bewegen können. Die Frösche haben es nun sehr eilig*, denn sie müssen einen Teich suchen, um dort ihre Eier abzulegen. Auch die Vögel, die den Winter in einem warmen Land verbracht haben, sind wieder da und eifrig dabei, ihre Nester zu bauen. Sie fliegen* den lieben langen Tag umher und suchen geeignetes Material dafür. Wir wollen sie dabei nicht stören und warten geduldig ab, bis die jungen Vögelchen ausschlüpfen.

Die Wiesen werden wieder saftig-grün und wenn man auf ihnen herumtollen* will, muss man die Füße recht hoch heben*. Jetzt ist auch die Zeit gekommen, in der man wieder draußen mit dem Ball spielen* kann. Aber was man damit macht, das brauche ich euch nun wirklich nicht zu erzählen, das wisst ihr schon selbst*.

„Halli-hallo, ich heiße Juni und habe euch einen wunderschönen, sonnigen Tag mitgebracht. Und ich habe mir etwas ganz Besonderes für euch ausgedacht. Wir wollen nämlich heute in den Zoo fahren*. Dort ist zur Zeit Hochbetrieb, denn viele Leute wollen sich die Tierbabys anschauen, die in den letzten Monaten zur Welt gekommen sind.

Als Erstes kommen wir zum Elefantengehege. Die Elefanteneltern trainieren mit ihrem jüngsten Kind das Rüsselschwingen. Zuerst gehen sie in ihrem schweren Elefantengang nebeneinander durch das Gehege und schwingen ihre Rüssel hin und her und wieder hin und her*. Sie geben sich erst zufrieden, wenn das Schwingen einigermaßen gleichmäßig klappt. Als Nächstes folgt nun das Auf- und Abschwingen* und wenn das gelingt, versuchen sie, mit ihren Rüsseln einen kleinen Kreis vor ihrem Kopf zu machen*. Es dauert gar nicht so lange, bis das Elefantenkind das Rüsselkreisen beherrscht, deshalb können wir uns einem anderen Tier zuwenden.

Hinter einer niedrigen Mauer leben die Pinguine mit ihren Kindern. Sie haben dort einen kleinen Teich, in den sie von den Felsbrocken hineinspringen*. Das Springen beherrschen sie wirklich gut, aber wenn sie dann aus dem Wasser herauskommen, watscheln sie in ihrem typischen Watschelgang* wieder zu ihrem Fels zurück. Ich finde, das Gehen müssen sie noch ein wenig üben, denn es sieht zu drollig aus!

Ich denke, dass ihr Kinder auch gern ins Affenhaus schauen möchtet. Ja, hier geht es wild zu. Die Affen jagen ununterbrochen hintereinander her*, sie springen mit weiten Sätzen durch ihren Käfig* und besonders die Menschenaffen schlagen sich immer wieder stolz auf ihre Brust*. Es macht immer wieder Spaß, ihnen zuzugucken. In einem besonderen Käfig können wir die Spiegeläffchen beobachten. Da ist ein Äffchen, das irgendeine Bewegung macht, und ein anderes, das diese Bewegung nachahmt*.

Aber nun warten die Tiger auf uns. Bei ihnen geht es wesentlich ruhiger zu. Sie liegen faul herum*, fauchen sehr laut* oder wälzen sich im Sand*. Hin und wieder schleichen* sie wie die Katzen umher und schauen uns neugierig an.

Wir machen noch einen kurzen Abstecher zu den Bären und staunen über den schwerfälligen Gang* dieser Raubtiere. Wenn sie so langsam durch das Gehege trotten*, kann man sich gar nicht vorstellen, dass sie schneller sind als ein Mensch, der sich vor ihnen in Sicherheit bringen will.

Leider wird der Zoo bald schließen und wir müssen wieder nach Hause fahren. Ich kann euch aber versprechen, dass mein Bruder Juli auch etwas Schönes mit euch unternimmt. Viele Grüße an ihn.

Hilfen zur Durchführung:

Elefantenrüssel: Mit einer Hand die eigene Nase fassen, den Arm der anderen Hand durch das entstandene Loch stecken.

Das Pinguinwatscheln: Den Körper steif halten, die Fußspitzen nach außen stellen, die Hände nach außen anheben.

„Schöne Ferien! Einen schönen Urlaub!", das rufen sich ganz viele Leute zu, wenn ich an der Reihe bin. Deshalb mögen mich alle Erwachsenen und Kinder ganz besonders gut leiden.

Während der Zeit, in der ich regiere, reisen sehr viele Familien mit ihren Kindern auf einen Bauernhof und machen von dort schöne Ausflüge in die Umgebung. Wir wollen heute zum Hof von Bauer Hermann fahren. Papa holt das Auto aus der Garage, wir steigen ein und schon geht die Reise los*. Zu Bauernhöfen fährt man nicht auf der Autobahn, sondern auf kurvigen Landstraßen*. Mal geht es langsam steil bergauf* und dann wieder in flotter Fahrt bergab*.

Es dauert gar nicht lange, dann sind wir an unserem Ziel angekommen. Noch schnell rückwärts auf den kleinen Parkplatz neben dem Haus einparken* und dann können wir aussteigen.

Zum Auspacken unserer Koffer haben wir keine Zeit, denn zuerst wollen wir die Tiere besuchen. Die weißen und braunen Hühner und der bunte Gockelhahn scharren im Dreck nach Würmern und kleinen Käfern*. Doch, hoppla, aufgeregt flattern sie nun im Hof herum* und suchen* nach einem sicheren Versteck, denn sie haben den großen Hund entdeckt, der gerade mal Lust hat, die Hühner ein wenig zu ärgern. In der Zwischenzeit watscheln die Enten* durch den Garten. Sie haben dort nicht genug zum Fressen gefunden und wollen nun zu ihren Futternäpfen. Es sieht lustig aus, wie ihre kurzen Entenschwänzchen bei jedem Schritt hin- und herwackeln*.

Flecki, die schwarz-weiße Katze, hat auch Hunger. Sie schleicht* vorsichtig und leise über den Hof. Zu ihrem Glück hat die kleine Maus sie bemerkt und kann noch blitzschnell* in ihrem Mauseloch verschwinden.

Nach kurzer Zeit hören wir ein merkwürdiges Gebrüll. Es klingt so ähnlich wie: I-a, I-a, I-a, und richtig, es ist ein Esel. Er freut sich bestimmt, wenn wir ihm sein Liedchen singen und spielen:

Ein kleiner, grauer Esel stapft fröhlich durch die Welt.
Er wackelt mit dem Hinterteil, grad wie es ihm gefällt.
I-a, I-a, I-a-i-a-i-a.

Von unserem Gesang angelockt, kommen die Gänse in ihrem berühmten Gänsemarsch angelaufen. Eine Gans watschelt immer hinter der anderen her*. Als sie aber den Esel sehen, flattern* und rennen* sie, so schnell sie können, in alle vier Himmelsrichtungen. Der Bauer hat große Mühe, sie wieder einzufangen.

Für heute haben wir erst einmal genug erlebt, die lange Fahrt und die vielen neuen Eindrücke vom Bauernhof haben uns müde gemacht, morgen gibt es sicher wieder neue Erlebnisse.

Hilfen zur Durchführung:

Die Hühner scharren:	Mit den Fingern auf dem Boden kratzen.
Die Schwänzchen der Enten:	Die Handflächen zusammenlegen und abstehend an den Po halten.

Material: Schwämme, Eimer und mit Wasser gefüllte Luftballons.

Einen wunderschönen guten Tag! Ich bin der August und ihr wisst es bestimmt, Sonne und Hitze sind meine Erkennungszeichen. Am liebsten gehe ich jeden Tag ins Schwimmbad oder spiele draußen im Garten. Und weil es so schön warm ist, kann ich dort immer wunderbar mit Wasser herumplanschen.

Einige kleine Kinder haben sich mit ihren Mamis im Garten von Max und Nina verabredet. Sie alle haben ihre Badesachen angezogen, denn heute ist es wirklich sehr heiß. Als die Besucher auf der Wiese hinter dem Haus ankommen, werden sie von quatschnassen Gegenständen empfangen. Diese fliegen wie wild gewordene Ungeheuer durch die Luft*. Zack, eines landet direkt auf dem Bauch von Ninas Mami. Lautes Quietschen ist zu hören, denn die Mami hat sich wirklich sehr erschrocken. Doch dann hebt sie das geheimnisvolle Scheusal auf* und erkennt, dass es sich nur um einen nassen Schwamm handelt.

Na, das kann ja heute heiter werden! Zum Glück stehen mit Wasser gefüllte Eimer in der Nähe und so können alle, die eben getroffen wurden, mit gleicher Wassermenge antworten. Unaufhörlich fliegen nun die Schwammungeheuer hinüber und herüber* und dabei hört man nun nur noch fröhliches Lachen.

Nach einiger Zeit folgt das nächste Spiel. Es soll Wasser aus einer großen Schüssel in einen weit entfernt stehenden Eimer gefüllt werden. Leider gibt es keine Gefäße zum Transportieren, sondern nur die bereits bekannten Schwämme. Die Kinder haben sofort gute Ideen*, wie man das jetzt bewerkstelligen kann und alle Vorschläge werden ausprobiert*.

Doch dann erscheint eine feindliche Bande, die bekämpft werden muss. Viele, viele wabbelige Bomben liegen bereit und in kürzester Zeit ist eine gefährliche Wasserbombenschlacht im Gange*. Immer wieder wird hinter Liegestühlen und Gartentischen Schutz vor der feindlichen Belagerung gesucht*. Doch irgendwann sind alle Bomben geplatzt und die beiden feindlichen Gruppen ziehen wie die begossenen Pudel in unterschiedliche Richtungen davon*. Sieger und Verlierer werden dann von ihren Mamis mit Handtüchern tüchtig trocken gerubbelt*.

Material: Eicheln, Kastanien und kleine Zapfen.

Guten Tag, sagt euch der September. Die Tage werden schon wieder kürzer, man merkt dies, weil es so früh am Abend dunkel wird. Wenn es mal nicht so schön draußen ist, holen Max, Axel und Nina die vielen Eicheln, Kastanien und Zapfen heraus, die sie in den vergangenen Tagen gefunden haben. Eigentlich hatten die drei Kinder alle Früchte schön sortiert, aber irgendjemand hat sie durcheinander geschüttet und auf dem Boden verteilt*. Nun sieht es so aus, als hätte hier im Bewegungsraum jemand einen Garten angelegt.

Vorsichtig gehen sie um alle „Pflanzen" herum* und bemühen sich, keine Einzige zu berühren. Da ist der Platz manches Mal ganz schön knapp. Max möchte alle herumliegenden Dinge zuerst einmal richtig mischen* und dabei ausprobieren, ob die Kastanien genauso gut kullern wie die Eicheln und Zapfen*. Er möchte auch wissen, wie es sich anfühlt, wenn man eine Eichel oder eine Kastanie unter dem Fuß hin- und herrollt* und sie dann wegschiebt*. Nina möchte herausfinden, was passiert, wenn man die Früchte hoch in die Luft wirft*. Wie fallen sie auf den Boden und wie verhalten sie sich dann? „He, ihr, lasst uns jeder einmal eine Eichel werfen und dann schauen, ob wir sie zwischen all den anderen Teilen wiederfinden" schlägt Axel vor und obwohl dies gar nicht so einfach ist, schaffen es alle drei.

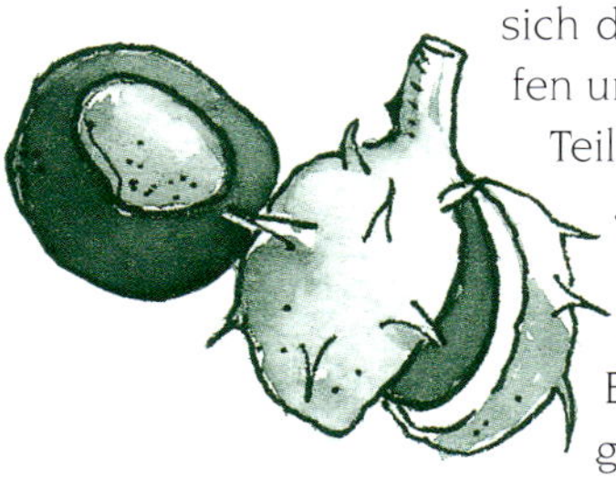

Die nächsten Aufgaben folgen: „Wie viele Kastanien, Eicheln und Zapfen kann jeder von uns auf einmal tragen*?" Es gibt bestimmt auch ganz viele Möglichkeiten, wie man die Teile zu einem bestimmten Platz transportieren kann, ohne seine Hände zu gebrauchen*. „Welche Körperteile können wir dafür benutzen*? Schaffen wir es, eine Kastanie zu rollen und damit eine andere zu treffen*? Wer findet die größte* bzw. kleinste* Kastanie*, Eichel* und den schönsten Zapfen*?"

Über einen langen Zeitraum beschäftigen sich Axel, Max und Nina mit dem neuen Spielzeug*, ihnen fällt immer wieder etwas Neues ein und zum Schluss legen sie mit allen Teilen noch eine lustige Figur auf den Boden*. Ich glaube, es war eine Hundegiraffenente.

Material: Man macht einen Ausflug in den Laubwald und spielt draußen. Möglich ist aber auch, sehr viele trockene Blätter zu sammeln und diese mit in den Bewegungsraum zu nehmen.

Huii, huiiii, wenn ich im Kalender dran bin, dann weht oft ein starker Wind über die Felder und die bunten Blätter fallen von den Bäumen. Heute ziehen wir uns zweckmäßig an und gehen alle zusammen hinaus in den Wald und toben im trockenen Laub. Unsere Beine sind heute leider sehr schwer und müde, schwer wie Blei scheinen sie zu sein, deshalb schlurfen* wir durch die vielen Blätter, die am Boden liegen. Hört* nur, wie das raschelt!

Die Blätter liegen so zahlreich auf der Erde, dass man gar nicht mehr die Wege erkennen kann. Da hilft nur, neue Wege anzulegen und für uns gibt es nichts Leichteres als das! Wenn viele Kinder hintereinander herschurren*, entstehen in kurzer Zeit tolle Straßen. Schaut doch mal, jetzt ist ein richtiges Verkehrsnetz mit Kreuzungen, Abzweigungen und scharfen Kurven entstanden, und es ist doch klar, dass wir alles gleich testen müssen.*

„Ich wünsche mir, dass gleich ganz viele Blätter durch die Luft fliegen*", ruft Nina und schon regnet das Laub immer und immer wieder vom Himmel. „Ich werfe jetzt jede Menge Blätter hoch und laufe dann ganz schnell drunter durch*!", ruft Max und es ist doch klar, dass alle anderen das auch versuchen. Aber leicht ist es nicht, denn die Blätter sind so schnell wieder unten, dass man sich wirklich beeilen muss, um keines abzubekommen.

„Wer kann einige von den hochgeworfenen Blättern fangen*?", fragt Axel und greift gerade ein Loch in die Luft. Die Blätter flattern einfach, wohin sie wollen und sind schwer zu berechnen. „Blödes Spiel", murmelt Max. „Ich will lieber eine Blätterschlacht* machen." Ohne Pause fliegen nun die Blätter über die Köpfe und Rücken der Kinder hinweg* und das Spiel will kein Ende nehmen. Doch irgendwann liegen alle erschöpft am Boden. Na, und dies ist genau der Moment, wo irgendjemandem einfällt, dass man seine Freunde mit den vielen Blättern zudecken kann*. Zum Glück bleibt das Gesicht frei*, damit man noch richtig durchatmen kann.

Alle haben nun einmal erlebt, wie schön es im Oktober im Wald sein kann und die Kinder freuen sich schon auf das nächste Jahr!

November

Material: Reflektierende Klebepunkte oder Sterne, Taschenlampen.

Oh, ist das ungemütlich und dunkel. Ich, der November, möchte am liebsten nie wach werden. Das Einzige, was mich noch retten kann, sind Lichter. Davon kann ich nie genug kriegen, denn die bringen wenigstens ein wenig Helligkeit in meine trüben Tage. Habt ihr alle eure Taschenlampen dabei und auf Rücken, Bauch und Stirn Leuchtpunkte geklebt? Gut, dann wollen wir doch einmal schauen, was wir in unserem dunklen Bewegungsraum damit anfangen können.

Zuerst müssen wir unsere Leuchtpunkte mit dem Licht der Taschenlampen aufladen*, damit wir einander im Raum erkennen können. Helft euch gegenseitig dabei, damit auch die Rücklichter leuchten*. Um zu testen, ob alle Punkte und Sterne glühen, gehen* wir zuerst ganz vorsichtig im dunklen Raum umher und versuchen, alle Kinder zu entdecken. Na prima, unsere Sicherheitsmaßnahmen funktionieren sehr gut.

Lasst uns nun auf eigenen Wegen kreuz und quer* durch die Dunkelheit gehen. Wir haben unsere Taschenlampen eingeschaltet und bringen das Licht in alle Ecken*. Jedes Fleckchen im Raum, nicht nur auf dem Boden, sondern auch an Wänden und Decke, soll im Licht unserer Lampen erstrahlen*.

Hei, nun schaut doch mal, wie die Strahlen an der Decke herumwandern. Daraus können wir glatt ein Verfolgungsspiel machen*: Zwei Freunde spielen zusammen, einer gibt einen Weg vor, der andere versucht, hinterherzujagen. Und nach einer kurzen Zeit wird natürlich gewechselt*. Wie ihr euch denken könnt, klappt dieses Spiel auch auf dem Boden*.

Nun aber wollen wir ausprobieren, ob es uns gelingt, die Füße unseres Freundes mit dem Licht zu erwischen*. Immer abwechselnd wird der eine von euch zum Sucher, der andere versucht, davonzulaufen*.

Ein Versteckspiel kann sich nun anschließen. Alle Taschenlampen sind ausgeknipst. Im Dunkeln sucht sich von jedem Paar ein Kind einen Platz in der Dunkelheit* und macht sich ganz klein. Nach einiger Zeit dürfen die zurückgebliebenen Kinder ihre Lampe einschalten und im Raum nach ihren Freunden suchen*. Wer entdeckt wird, darf nun mit seinem Freund die Rolle tauschen und ihn aufspüren*.

Bei unseren ganz speziellen Lichtspielen haben wir entdecken können, dass wir auch als Schatten an der Wand abgebildet werden. Es ist einfach spannend, auszuprobieren, welche Figuren* und Bilder* von uns entstehen, wenn wir unsere Hände* und den Körper mit einem entsprechenden Abstand zur Taschenlampe vor einen starken Lichtstrahl halten.

Kurz vor Schluss der Lampenfete wird es gruselig. Jeder hält seine eingeschaltete Taschenlampe in den Mund*, sodass die Gesichter um die Mundpartie rot aufleuchten, oder wir halten die flache Hand ganz dicht vor den Lichtstrahl*. Es sieht nun fast so aus, als bewegten sich Vampire durch den Raum.

Am Ende unserer Lichterstunde veranstalten wir ein großes „Lichtgewitter". Alle knipsen die Taschenlampe in kurzen Zeitabständen an und aus, leuchten wild durcheinander und beobachten, dass Helligkeit und Dunkelheit sehr schnell im Raum wechseln.

Material: Viele verschiedene Schuhkartons, sie sind mit zwei Kreppstreifen verklebt, in jedem befindet sich ein Tischtennisball.
(Die Kartons kann man sich im Schuhgeschäft sammeln lassen.)

Alle Jahre wieder komme ich, der Dezember, zum Schluss. Ich bin zwar der letzte, aber nicht der schlechteste Monat, denn zu mir kommen Nikolaus und Christkind und bringen wunderschöne Geschenke mit. Nun ist gestern etwas Dummes passiert. Der Weihnachtsmann war unterwegs, um alle Einkäufe für die Bescherung zu erledigen. Er hat auf dem Weg zurück in den Himmel nicht aufgepasst und ganz viele seiner Päckchen unterwegs verloren. Ihr seht ja, dass sie nun alle hier herumliegen. Leider sind sie zugeklebt und wir wissen nicht, was sich darin befindet, aber eins weiß ich genau: Axel hat sich vom Weihnachtsmann eine richtige lebendige Schlange gewünscht. Ob die wohl in einem dieser Päckchen drin ist?!

Lasst uns vorsichtig mit den Fingerspitzen anklopfen* und dann unser Ohr dicht an die Pakete bringen, um zu lauschen*, ob sich irgendetwas bewegt. Hm, wir können nichts hören, aber vielleicht ist die Schlange ja nur eingeschlafen. Dann müssen wir wohl ein wenig fester klopfen*, dann wird sie bestimmt wach.

Ich glaube, das war immer noch nicht fest genug. Nehmt doch einmal die Fäuste und trommelt auf die Kartons* und dann lasst uns leise sein und horchen*. Es rührt sich so gut wie nichts!

Na gut, dann nehmen wir die Päckchen einfach hoch* und schütteln sie, so fest wir können*. Also, eines steht ja nun fest, es ist etwas drin, es fragt sich nur was. Habt ihr vielleicht eine Idee?

Wenn ihr so viele unterschiedliche Vorschläge habt, dann bleibt uns nichts anderes übrig, als heimlich in die Päckchen hineinzuschauen*, denn eigentlich darf man ja so kurz vor dem Weihnachtsfest noch keine Geschenke auspacken.

Nanu, das ist aber wirklich komisch! Überall sind Tischtennisbälle drin. Leider haben wir keine Schlange gefunden, aber die Bälle sind natürlich auch nicht schlecht, denn mit ihnen und den Kartons kann man wunderbar spielen.

Wenn zum Beispiel ein Tischtennisball angerollt kommt, kann man ihn schnell mit dem Karton zudecken und einfangen*. Die Deckel verwenden wir als neuartige Tennisschläger* und die Kartons benutzen wir als Behälter, in die man aus einiger Entfernung mit den Bällen hineinzielen* kann. Mit allen vorhandenen Kartons bauen* wir eine Mauer mit vielen Fugen, durch die man die kleinen Kugeln hindurchrollen* kann. Aber was erzähle ich euch da! Ihr habt bestimmt genug eigene Ideen*, wie man mit den Sachen spielen kann.

He, wie wäre es, wenn wir unsere neuen Kartonschuhe ausprobieren und damit Fangen spielen* oder Eislaufen*? Oder mit sehr kleidsamen Kartonhüten durch den Raum wandern*?

Ganz am Ende, wenn wir genug gespielt haben, stapeln* wir die Kartons schön ordentlich aufeinander, denn sicher sucht der Weihnachtsmann schon verzweifelt nach ihnen.

IV Rückengeschichten – kindgerechte Körpermassagen

Einführung

„Erzählst du uns heute wieder eine Geschichte auf dem Rücken?", fragt mich Axel schon gleich zu Beginn unserer gemeinsamen Turnstunde. Nicht nur Axel liebt diese Reisen in das Land der Fantasie, auch alle anderen Kinder aus der Kleinkinderturngruppe und der Eltern-Kind-Gruppe genießen diese Zeiten der Ruhe nach ausgiebigem Toben und Spielen. Bei diesen kindgerechten Körpermassagen konzentrieren sie sich auf sich selbst und überlassen ihren Rücken den rücksichtsvollen und einfühlsamen Händen der Freunde, Spielgefährten oder ihrer eigenen Eltern.

Zunehmende Reizüberflutung im alltäglichen Leben führt dazu, dass schon kleine Kinder Stresssituationen ausgesetzt sind. Vielfache Anforderungen stürmen auf sie ein, Zeiten der Ruhe, das Wahrnehmen isolierter Reize und des eigenen Körpers werden kaum noch erlebt. Wie schön ist es da, sich nach der körperlichen Verausgabung während der Bewegungsstunde völlig entspannt auf einer warmen Unterlage auf den Bauch zu legen und sich auf die Geschichte und ihre Darstellung durch Streicheln, Klopfen, Reiben, Rubbeln und Malen einzustellen.

Bewegungsstunden dürfen nicht nur aus Toben und Spielen bestehen, sondern sollten auch Entspannungsmomente enthalten. Der Wechsel zwischen Anspannung auf der einen, sowie Ruhe und Entspannung (über die Unruhe zur Ruhe) auf der anderen Seite gewinnt in unserer Zeit eine immer größere Bedeutung.

Rückengeschichten haben einfache Handlungsstrukturen und sind von den Kindern oder Erwachsenen ohne besondere Vorkenntnisse umzusetzen. Die bildhafte Sprache und die Themen aus dem Erlebniskreis der Kinder wecken Fantasie und laden dazu ein, sich einfach entspannt dem hinzuge-

ben, was auf dem Rücken passiert. Dabei muss keine feierliche Atmosphäre herrschen, denn die Massagen sprechen das Berührungsempfinden an und das ist keine ernste oder traurige Geschichte, im Gegenteil: Lachen ist erlaubt. Allerdings sollten Gefühlsausbrüche immer wieder in gemäßigte Bahnen gelenkt werden.

Alle Rückengeschichten zielen auf die Förderung sozialer Kontakte und die Stärkung des Gemeinschaftsgefühls ab. Weil in den Kindergruppen paarweise miteinander agiert wird, erfahren die Kinder sehr schnell am eigenen Rücken, was Rücksichtslosigkeit und mangelndes Einfühlungsvermögen bedeuten, denn nur, wer selbst angemessen seine Geschichten auf den Rücken des Partners schreibt, wird auch nach dem Rollentausch rücksichtsvoll behandelt.

Die äußeren Voraussetzungen müssen stimmen. Partnermassagen sollten nicht zu Stundenbeginn durchgeführt werden, denn zuallererst muss der Bewegungsdrang der Kinder ausgelebt werden. Im Hauptteil oder zum Ausklang einer Bewegungsstunde freuen sich die Kinder dann über eine Ruhephase.

Niemand sollte gezwungen werden, bei diesen Geschichten mitzuspielen, denn Freiwilligkeit ist eine der ersten Voraussetzungen für das Gelingen einer solchen ruhigen Spielphase.

Man muss sich Zeit nehmen beim Vorlesen oder besser beim Erzählen der Geschichten, denn Pausen sind immer dann nötig, wenn die Geschichten von den Kindern in Wohlfühlerlebnisse und Wahrnehmungserfahrungen umgesetzt werden können. Die emotionale Beteiligung des Erzählenden ist dabei eine unverzichtbare Grundlage für einen lebendigen Vortrag und je mehr man sich in die Geschichte hineinversetzt, umso anschaulicher wird ihr Inhalt.

Frischer Apfelkuchen

Material: Keines, das Kuchenbacken wird mit den Händen auf dem Rücken des Partners dargestellt.

Es ist Erntezeit und überall an den Apfelbäumen hängen die schönsten Früchte. Das macht uns Appetit auf einen saftigen Apfelkuchen und den wollen wir heute backen. Am besten ist es, wenn wir uns zuerst einmal das Kuchenblech anschauen. Oh, das ist ja gar nicht richtig sauber! So, wie es jetzt aussieht, können wir wirklich keinen Kuchen darauf backen!

Wir lassen ganz viel Wasser darüber laufen, damit der Schmutz gut aufweichen kann. Das Wasser fließt in großen Wellenbewegungen* von oben nach unten. Auch die Ränder des Blechs dürfen nicht vergessen werden*. Aber Wasser allein schafft es nicht, den angetrockneten Schmutz wegzubringen, wir müssen mit einigen Spritzern Spülmittel* und einem rauen Schwamm nachhelfen. Gründlich, ohne einzelne Stellen auf dem Backblech zu vernachlässigen, rubbeln wir eine Zeit lang*.

Wir spülen* mit viel Wasser die Seifenreste weg und entdecken noch hier und da einige angebackene Teigreste. Da kann jetzt nur eine Bürste helfen! Auf vielen kleinen Flächen müssen wir tüchtig schrubben*. Doch endlich ist das Blech blitzblank. Schnell noch einmal mit Wasser abspülen*, damit auch der letzte Krümel verschwunden ist und danach wird das nasse Blech selbstverständlich gut abgetrocknet*, denn sonst kann man es nicht einfetten.

Jetzt, wo alles vollkommen trocken ist, nehmen wir uns einen breiten Pinsel* und fetten die gesamte Fläche mit Butter ein. Besonders auf die Ränder* müssen wir gut achten, denn schließlich soll uns der Kuchen ja dort nicht festkleben.

So, nachdem nun alles gut vorbereitet ist, können wir uns daranmachen, den Teig herzustellen: Zuerst kommt das Mehl. Wir häufen es zu einem kleinen Hügel auf* und graben* mit unseren Händen ein großes Loch hinein. Dann benötigen wir natürlich Zucker, den lassen wir am besten in das Loch hineinrieseln* und, damit der Kuchenteig schön locker wird, zerkrümeln* wir ein Stück Hefe in die Mitte der Mulde und verrühren* diese Hefe vorsichtig mit etwas warmer Milch. Und was fehlt nun noch in unserem Kuchenteig?

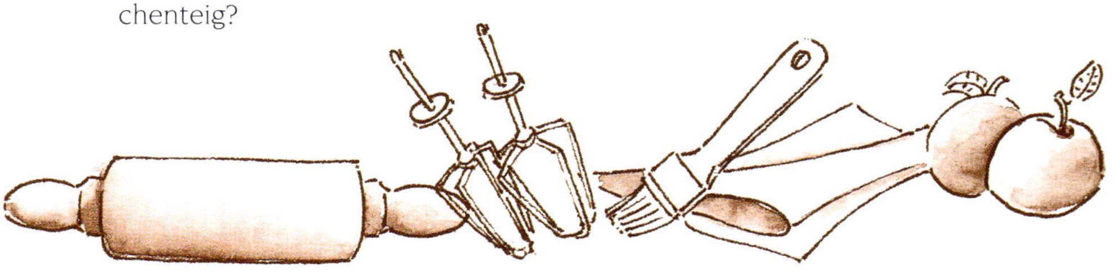

Klar, drei Eier müssen aufgeschlagen* werden und zum Schluss fügen wir eine Prise Salz hinzu*.

Jetzt kommt die wichtigste Arbeit, das Verkneten der Zutaten. Mit beiden Händen schaffen wir immer wieder die Zutaten zur Mitte* und kneten* sie tüchtig durch. Endlich ist der Teig fertig. Er wird mit einem Nudelholz auf dem Blech ausgerollt*, sehr sorgfältig verteilen wir ihn in alle Ecken. Schnell stechen* wir noch mit einer Gabel viele kleine Löcher hinein, damit der Teig beim Backen keine Blasen wirft.

Auf den ausgerollten Hefeteig legen wir jetzt die vorbereiteten Apfelscheiben*. Sie müssen schön dicht nebeneinander liegen, damit der Kuchen später auch wirklich nach Äpfeln schmeckt. Zur Vollendung unseres Werkes verteilen* wir außerdem viele Streusel auf den Kuchen. Aber bitte nicht alle auf eine Stelle, sondern gut verteilt auf das ganze Blech.

Und was ist nun noch zu erledigen? Ach ja, der Kuchen muss noch gebacken werden. Also, ganz schnell: Ab in den Heißluftbackofen*!

Hm, wie das duftet! Ich glaube, der Kuchen ist fertig. Wir nehmen das Blech aus dem Ofen und schneiden den frisch gebackenen Apfelkuchen in viele kleine Stücke* und die können wir, wenn sie ein wenig abgekühlt sind, genüsslich essen.

In der Zwischenzeit säubern wir schnell wieder das Blech. Also, Wasser drüber fließen lassen*, etwas Spülmittel dazugeben*, mit Schwamm und Spülbürste abrubbeln* und schließlich mit dem Küchenhandtuch sorgfältig abtrocknen*.

Endlich, endlich können wir uns nun unseren frischen Apfelkuchen schmecken lassen!

***Anmerkung*:**

Beim Rollentausch wird zum gleichen Rezept ein Kirschkuchen gebacken.

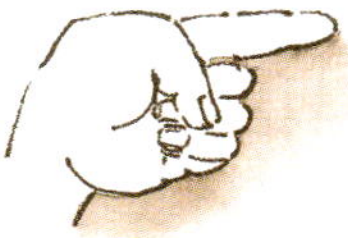
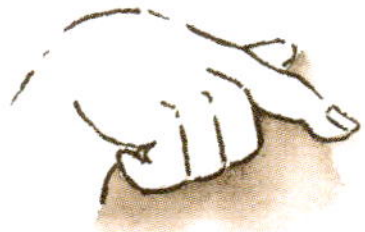
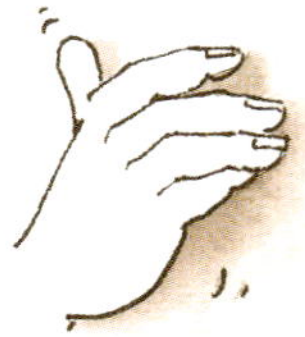

Hilfen zur Durchführung:

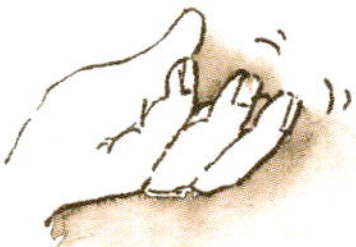

Fließendes Wasser: Wellenbewegungen mit den Fingern von oben nach unten durchführen.

Rubbeln: Mit zwei Fäusten fest reiben.

Schrubben: Die senkrecht stehenden Finger mit Druck hin- und herbewegen.

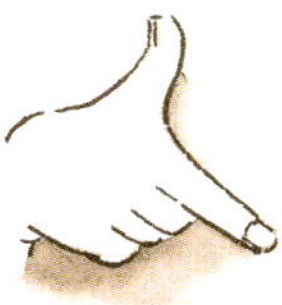

Abtrocknen: Die flach aufgesetzten Hände drücken mehrmals von oben nach unten.

Einfetten: Die Finger wie einen Pinsel hin- und herbewegen.

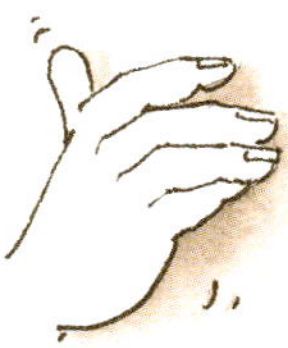

Das Mehl aufhäufen: Mit den Handkanten von allen Seiten zur Mitte fahren.

Die Hefe zerkrümeln: Mit Daumen, Zeige- und Mittelfinger jeder Hand direkt auf den Rücken „bröseln".

Die Hefe verrühren: In der Mitte des gedachten Loches aus Mehl mit einem Zeigefinger kleine Kreise beschreiben.

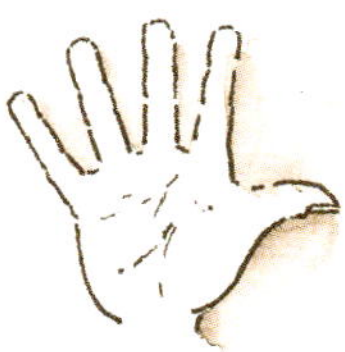
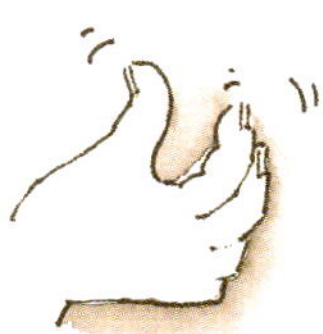
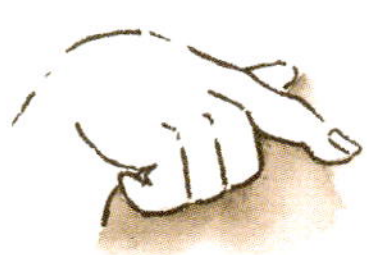

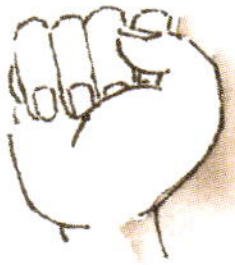
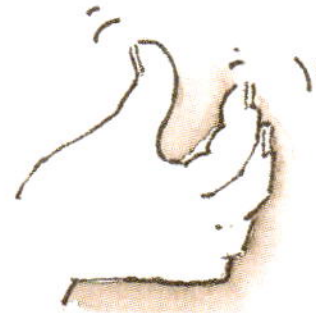
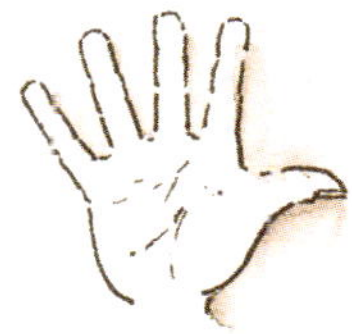

Die Eier aufschlagen: Den Vorgang des Eiaufschlagens imitieren, danach die Fließbewegung des Eiweißes mit auseinander gespreizten Fingern nachvollziehen.

Den Teig kneten: Die gesamte Rückenpartie durchkneten.

Nudelholz: Rollbewegungen mit dem gesamten Unterarm durchführen.

Löcher in den Teig machen: Mit aufgestellten Fingern unsystematisch auf den Rücken pieksen.

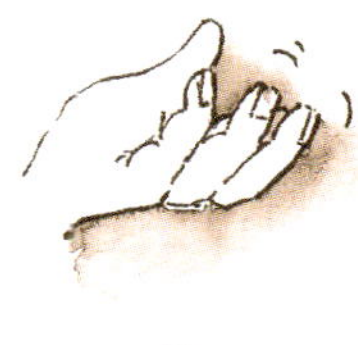

Die Apfelscheiben auflegen: Mit dem Zeigefinger die Apfelscheiben auf den Rücken „malen".

Den Streusel verteilen: Mit kleinen Drehbewegungen die Fingerspitzen in den Rücken eindrücken.

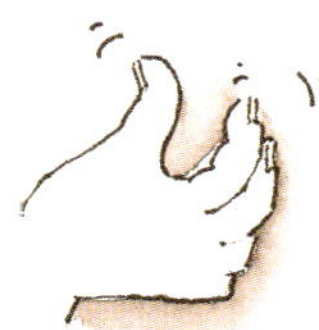

Backen im Ofen: Mit den Händen wedeln, dabei die Heißluft imitieren.

Den Kuchen aufschneiden: Mit der Handkante Striche ziehen.

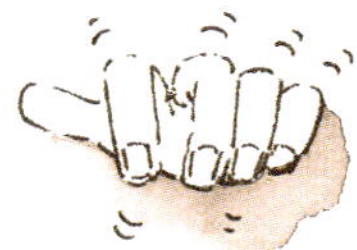

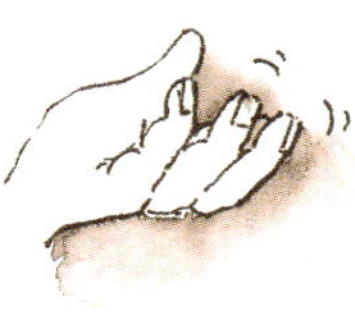
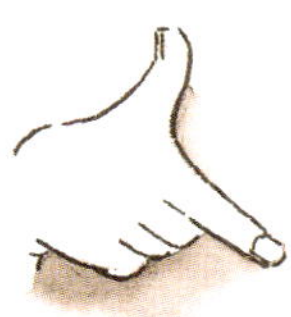
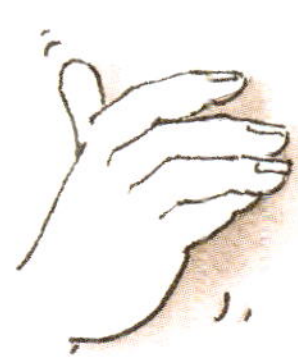

Die Kinderwaschanlage

Material: Keines, die unterschiedlichen Reize werden durch die Hände des Partners erzielt.

Nach einigen Tagen mit scheußlichem Regenwetter war es heute endlich einmal wieder trocken draußen. Max und seine Freunde konnten im Garten herumtollen und sich nach Herzenslust austoben. Nun gehen sie glücklich und erschöpft wieder nach Hause. Max klingelt an der Haustür und seine Mami öffnet, um ihr Söhnchen glücklich in die Arme zu nehmen. Erschrocken geht sie einen Schritt zurück, als sie einen kleinen Dreckspatz vor sich stehen sieht: „Ach, du meine Güte, wie siehst du denn aus! Bist du wirklich mein Sohn Max?" Der hebt ängstlich seine Hand und flüstert: „Ich, ich – Mami, entschuldige bitte, es war überall so feucht, ich kann wirklich nichts dafür, dass ich so schmutzig geworden bin." „Na ja, ist ja auch nicht so schlimm, da wollen wir doch einmal die neue Kinderwaschanlage ausprobieren und sehen, ob sie gut zu gebrauchen ist. Leg dich schön gerade auf deinen Bauch, alles andere geschieht dann vollautomatisch."

Zuerst schaltet sich die Grobreinigung ein: Mit zwei festen Kratzbürsten wird der gröbste Schlamm und Lehm von Max' Rücken heruntergeholt*. Bei einer Vorreinigung ist besonders wichtig, dass man keine Stelle auslässt, besonders die weniger gut erreichbaren Stellen dürfen nicht vergessen werden. Die Waschanlage geht sehr systematisch* vor, sie fängt an Hals und Schultern an und hört an den Füßen auf. Nach dieser ersten Reinigung bleiben aber immer noch kleinere Dreckklumpen zurück, die nun mit einer Bürste für groben Schmutz entfernt* werden.

Prima! Oberflächlich betrachtet, sieht es nun schon viel besser aus und man kann die Farbe von Max' Pullover sogar andeutungsweise erkennen, dennoch bleibt noch viel zu tun. „Ausklopfen*" heißt der nächste Reinigungsvorgang. Zwei flache Arbeitsgeräte kommen zum Einsatz. Mit rhythmischen Bewegungen klopfen* sie den groben Staub aus den Kleidungsstücken heraus. Die Geräte arbeiten von oben nach unten und von rechts nach links. Kein einziges Fleckchen auf dem Rücken von Max wird vergessen. Es ist eben eine perfekte Entwicklung der modernen Technik.

Mit dem Reinigungsgang „Einweichen" geht es nun weiter. Viel Wasser fließt* über die vorgereinigte Fläche und dieses Wasser wird mit rotierenden Bürsten* eingearbeitet.

Ein speziell entwickeltes Waschmittel, das Wolle, Baumwolle und Haut gleichermaßen schont, wird nun auf dem Körper verteilt* und eingerieben*. Dabei gilt den Füßen besondere Aufmerksamkeit.

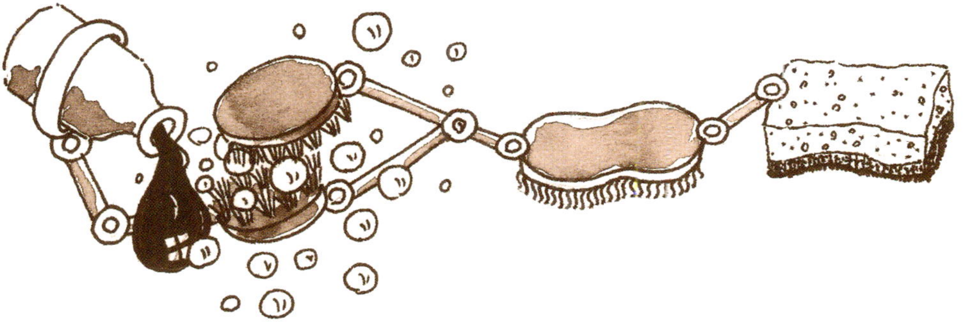

Natürlich haben auch die Haare ihren Teil abbekommen und müssen nun gründlich einshampooniert* werden. Puh, was sitzt der Dreck hinter den Ohren so fest, die Waschanlage findet den Schmutz in den verborgensten Ecken. Wirklich, so gründlich wie mit dieser Maschine ist Max noch nie gewaschen worden.

Aber nun muss die ganze Seife aus den Haaren, vom Körper und von den Füßen abgespült* werden. Und hier wird nicht mit Wasser gespart. In breiten Strömen fließt* es von Kopf und Rücken, vom Po und von den Füßen.

Wenn der Schaum abgespült ist, kommen die automatischen Handtücher zum Einsatz. Mit besonderer Gründlichkeit, schließlich müssen auch die Kleider, die Max anhat, trocken werden, wird der gesamte kleine Kerl vollständig abgerubbelt*. Sogar hinter den Ohren findet die Kinderwaschanlage noch feuchte Stellen.

Dass diese Maschine auch zärtlich mit den Kindern umgehen kann, beweist sie beim Eincremen* der Haut. Sie hat sogar eine besondere Vorliebe dafür, denn immer wieder streicht* sie sanft über Rücken, Arme und Beine.

Nun müssen noch die Haare gekämmt* werden, aber dieser Vorgang scheint noch nicht so richtig ausgereift zu sein, denn der Kamm ist eigentlich viel zu grob für kleine Kinder. Nun gut, die Haare sind jetzt nicht mehr so wuschelig, sondern liegen ordentlich nebeneinander.

Zum Abschluss verpasst die Kinderwaschanlage noch einen liebevollen Klaps* auf den Po, und dann kann Max aufstehen. Vor seiner Mami steht nun ein perfekt gereinigter Junge.

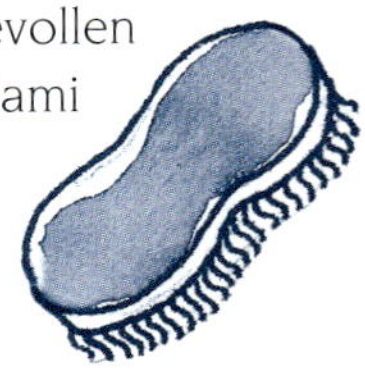

Anmerkung:

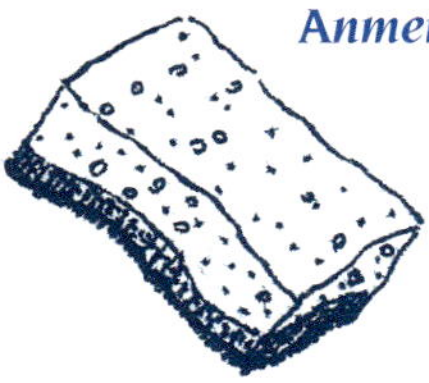

Wenn man möchte, kann man auch verschiedene Bürsten, Handtuch, Körperlotion usw. zur Massage verwenden.

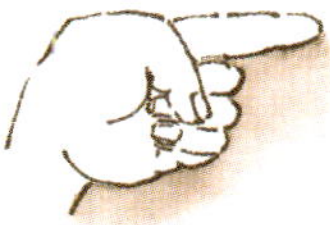
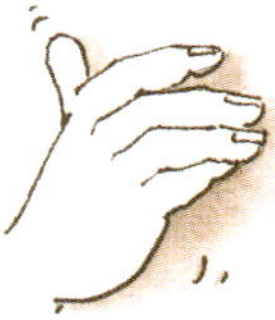
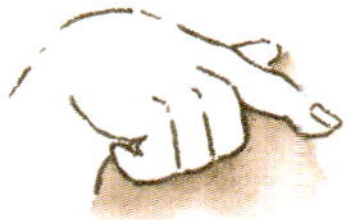
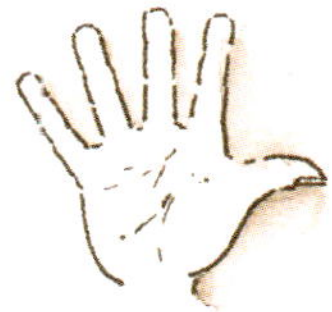

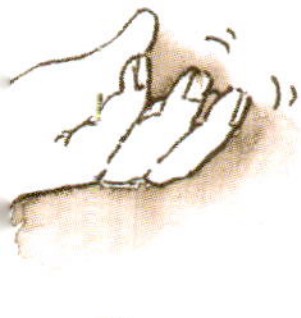
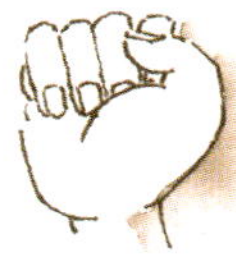

Hilfen zur Durchführung:

Kratzbürste: Die Finger werden gespreizt und zu Krallen gekrümmt.

Ausklopfen: Mit den flachen Händen leicht auf den Rücken klopfen.

Einweichen: Mit gespreizten Fingern das Fließen des Wassers andeuten.

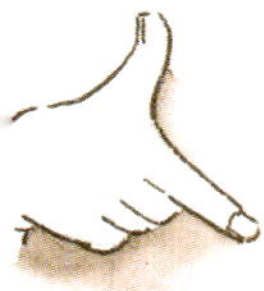
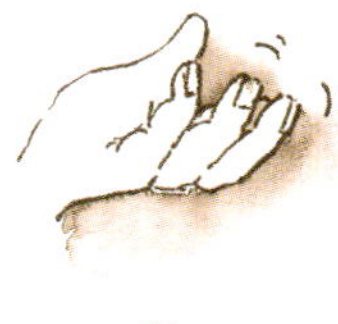

Rotierende Bürsten: Die flachen Hände, gegeneinander kreisend, über den Rücken wandern lassen.

Das Waschmittel verteilen: Die flachen Hände von den Schultern bis zu den Beinen hin- und herbewegen.

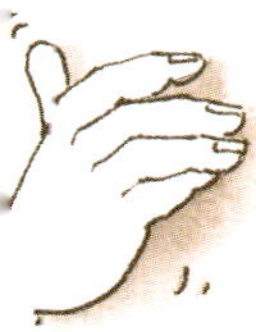
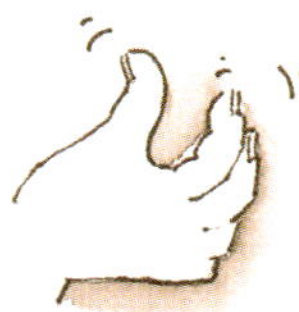

Die Füße waschen: Die Füße besonders gründlich einseifen.

Abtrocknen: Mit einem gedachten Handtuch die Bewegungen des Abtrocknens imitieren.

Eincremen: Mit beiden Händen den gesamten Körper leicht massieren.

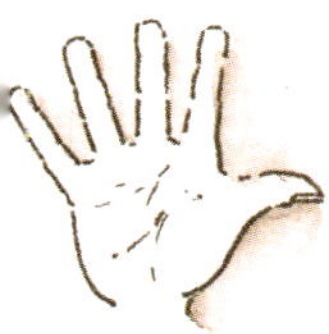
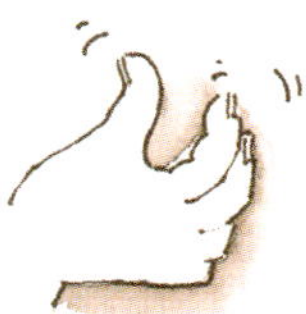
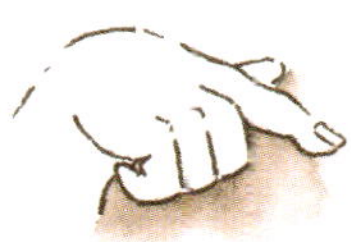

Eingeschlafen im Wald

Material: Keines, die Partnermassage wird nur mit den Händen durchgeführt.

Nach einer stundenlangen Wanderung durch den Wald, bei der ich viele interessante Dinge erlebt hatte, setzte ich mich auf einer Lichtung ins weiche, grüne Gras. Erst jetzt, als ich mich ein wenig auf dem Bauch ausgestreckt hatte*, merkte ich, wie müde ich vom Wandern geworden war. Wunderschön war es, hier inmitten der zwitschernden Vögel, in der warmen Sonne zu liegen und einfach die Gedanken auf die Reise zu schicken.

Plötzlich spürte ich, dass es anfing zu regnen. Zuerst fielen die Regentropfen ganz vereinzelt* auf meinen Rücken, doch allmählich wurden es mehr und mehr* und es regnete immer stärker*. Mir machte der warme Regen nichts aus und ich dachte daran, wie gut es den Blumen und Gräsern, den Bäumen und Sträuchern im Wald gefallen müsste, dass sie dieser warme Sommerregen nun erfrischte.

Ich fühlte, wie winzige Bäche von meinem Rücken herunterrieselten*, wie sich die Tropfen vereinten* und gemeinsam weiterflossen*. Hier und da bildeten sich auf meiner Haut kleine Pfützen*, in denen einige Waldvögel landeten und mit ihren Schnäbeln das Wasser aufsammelten*.

Aber so rasch, wie er gekommen war, verschwand der Regen auch wieder. Zuerst wurde er immer schwächer*, bis schließlich nur noch ganz wenige Tropfen fielen*. Mein Rücken fühlte sich so an, als würde ihn eine unsichtbare Hand abtrocknen*.

Aber wer kam denn da angekrochen? Eine große Schnecke mit ihrem Haus auf dem Rücken überquerte meinen Rücken*. Hin und wieder musste sie eine kurze Rast einlegen*, denn schließlich ist es ja keine Kleinigkeit, immer sein Wohnhaus mit sich herumzuschleppen. Als sie oben an meinem Hals angekommen war*, kroch sie in einem großen Bogen wieder zurück* und rutschte* dann wieder herunter auf den Boden.

Es dauerte nicht lange, da besuchte mich der nächste Gast. Ein kleiner Hase kam angehoppelt*. Im Vergleich zu der Schnecke war er ganz schön schwer! Und munter war er! Er hüpfte ausgelassen auf meinem Rücken herum*, schlug immer wieder seine Haken* und kuschelte sich schließlich ganz fest an mich*. Ob er eine Verabredung mit dem Regenwurm hatte, der sich nun einfand?! Dieser ringelte* sich vom Po bis zu den Schultern, schaute einmal an meinem rechten Arm nach* und dann wieder an dem linken*. Endlich schlängelte er sich an einem Bein herunter* und verschwand wieder im weichen Waldboden.

Ja, und dann erschien ein merkwürdiger Geselle. Er war schwarz, hatte ein samtweiches Feld und eine ziemlich spitze Nase, außerdem war er blind. Ja, richtig, es war ein Maulwurf, der sich mit seiner Nase durch den Waldboden bohrte*. Seine Vorderpfoten mit den vier Krallen gruben* an vielen Stellen auf meinem Rücken, sie schafften es, eine Menge weicher Erde locker zu machen, die von ihm dann zu einem Hügel zusammengeschoben wurde*. Als er sein Werk beendet hatte, legte er sich zufrieden neben das Häschen*.

In der vom Maulwurf angehäuften Erde waren eine Menge Krabbeltiere zu Hause. Es waren Ameisen und Käfer, denen es gar nicht gefiel, dass sie nun aus den Erdhügeln herauskrabbeln* sollten.

Sie fanden die vielen Hügel überhaupt nicht toll und wollten viel lieber eine schöne, glatte Fläche haben, auf der sie ihren Nachmittagsspaziergang machen konnten. Mit viel Fleiß und Ausdauer gelang es ihnen, die vielen Maulwurfshügel wieder zu verteilen*. Sie putzten* alles schön glatt und sauber, brachten auch das kleinste Krümelchen Erde wieder bis hinunter an meine Füße*. Immer wieder krabbelten sie zurück*, schleppten mindestens 100 Brösel von meinem Rücken herunter. Es wurde schon Abend, als sie endlich damit fertig waren. Na ja, und das ist ja auch die Zeit, wo sie allmählich ihre Höhlen und Bauten aufsuchen müssen*, damit sie dort die Nacht verbringen können.

Und gerade, als der letzte Käfer weggekrabbelt, das Häschen und der Maulwurf sich aus dem Staub gemacht hatten, wachte ich auf meiner Waldwiese wieder auf und musste mich schrecklich beeilen, damit ich vor Einbruch der Dunkelheit wieder zu Hause war.

Hilfen zur Durchführung:

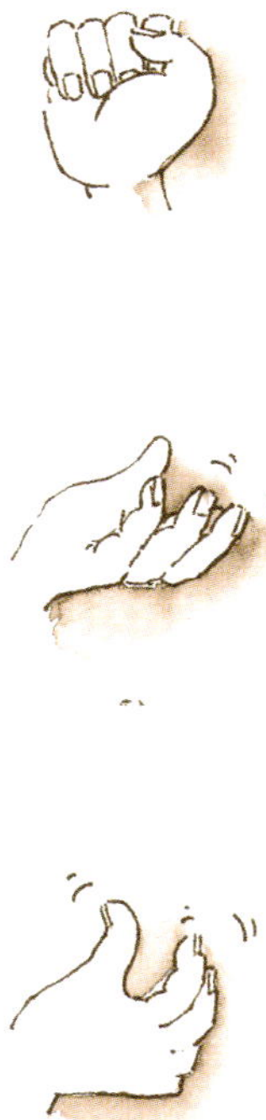

Regentropfen:	Mit den Fingerspitzen das Fallen der Tropfen imitieren, zuerst leicht und dann immer stärker werdend.
Winzige Bäche:	Viele Linien auf den Rücken zeichnen
Pfützen:	Kreise und Ovale auf den Rücken malen.
Mit den Schnäbeln picken:	Mit den Fingerspitzen leicht kneifen.
Schnecke:	Die flache Hand über den Rücken schieben.
Hase:	Hüpfbewegungen mit den Handballen imitieren.
Regenwurm:	Schlangenlinien mit den Fingerspitzen ziehen.
Maulwurf:	Mit einem oder mehreren Fingern die Maulwurfwege in den Rücken graben.
Maulwurfshügel:	Die fiktive Erde mit den Handrücken zusammenschieben.
Krabbeltiere:	Mit allen Fingern über die gesamte Rückseite des Körpers krabbeln.
Putzen:	Wischbewegungen mit der flachen Hand imitieren.

Sommerfest am Tümpel

Material: Keines, die unterschiedlichen Tiere und ihre Wege werden mit den Fingern auf dem Rücken des Partners dargestellt.

Hell glitzert der Mond über dem Wiesenstück, in dem sich ein kleiner Teich befindet. In dieser Nacht ist es ganz still und friedlich. Aber das soll sich bald ändern, denn heute hat der Frosch seine Freunde zum Sommerfest an seinen Tümpel eingeladen. Er wartet auf seine Gäste und hüpft* ungeduldig um den kleinen Teich herum. Überall schaut er nach, ob auch alle Vorbereitungen für das Fest getroffen wurden*. Die kleinen Fische, die hier im kleinen Tümpel zu Hause sind, können es auch kaum noch erwarten, bis die Feier endlich beginnt. Sie schwimmen ununterbrochen im Kreis* herum.

Doch, schau an, da kommen schon die ersten Besucher. Es ist Familie Gans, die – so, wie es sich für sie gehört – im Gänsemarsch, also einer hinter dem anderen, angewatschelt kommt*. Die Gänse überqueren einmal den gesamten Platz*, drehen dann eine Runde um den Tümpel* und nehmen am Ende ihres feierlichen Auftritts an der Seite Platz.

Gespannt warten nun alle auf die Grashüpfer. Und richtig, fünf oder sechs von ihnen hüpfen nacheinander herbei*. Aber komisch, es sind so wenige, eigentlich hatte eine große Anzahl von ihnen zugesagt, sie alle wollten gern am Sommerfest teilnehmen. Doch bald schon klärte ein besonders großer Grashüpfer die Sache auf: „Ich bitte um Entschuldigung, die meisten von uns haben sich verschlafen, habt einen kleinen Moment Geduld, dann werden unsere Brüder und Schwestern auch noch kommen*." Und richtig, da springen* Hunderte von grünen, langbeinigen Weitspringern mit weiten Sätzen von allen Seiten herbei. Sie hüpfen kreuz und quer* über die Wiese und in kurzer Zeit wimmelt es nur so von Heuschrecken.

Doch wer kommt denn da noch? Raupen, dicke, grüne Raupen sind herbeigekrochen* und sie werden von bunten Schmetterlingen begleitet, die wie ein Windhauch über die Wiese schweben*.

Als Nächstes erscheint ein Ameisenvölkchen. In einer langen Reihe marschieren sie hintereinander her*. Sie überqueren einmal den großen Festplatz* und lassen sich dann am unteren Ende des Tümpels nieder.

Aber noch immer sind nicht alle Freunde unseres Frosches da. Schaut her, da kringeln sich die Blindschleichen zum Teich*. Es ist doch klar, dass sie nicht so pünktlich da sein konnten, denn schließlich haben sie keine Beine zum Krabbeln oder Hüpfen, sondern müssen sich auf ihrem Bauch in Wellenlinien vorwärts schlängeln*. Sie machen auch keine großen Umwege, sondern bewegen sich schnurstracks auf die Ameisen zu, und die verdrücken sich sicherheitshalber in eine andere Ecke*. Schließlich kann man ja nicht wissen, ob die Blindschleichen schon zu Abend gegessen haben.

Hopp-hopp, hopp-hopp*, schon am typischen Geräusch kann man erkennen, dass sich nun die Häschen auf den Tümpel zubewegen. Sie freuen sich riesig auf dieses Treffen und schlagen vor Freude ihre berühmten Haken* und bevor sie sich am Teich niederlassen, trommeln* sie noch mit ihren Hinterbeinen zur Begrüßung auf den Boden.

So, nun sind aber wirklich alle eingeladenen Freunde angekommen. Das Fest kann beginnen. Der dickste Frosch stimmt ein Lied an und alle großen und kleinen Tiere tanzen dazu. Die Gänse beginnen*:

Heut ist ein Fest bei den Fröschen am See,
Ball und Konzert und ein großes Diner.
Quak-quak, quak-quak!

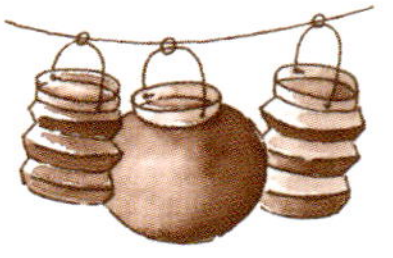

Es folgen die Grashüpfer* und Häschen*, dann die Ameisen*, Raupen* und Schmetterlinge* und zum Schluss schlängeln sich die Blindschleichen* zum Takt der Musik.

Doch, Achtung! Wer kommt denn da mit seinen langen, roten Beinen herangewatet*? Es ist der Storch und vor dem haben fast alle eingeladenen Tiere schreckliche Angst. In Windeseile verschwinden sie in alle Richtungen und suchen sich ein sicheres Versteck*.

Da bleibt dem Storch nichts anderes übrig, als unverrichteter Dinge wieder abzuziehen. Schade, dass das schöne Fest so schnell zu Ende gegangen ist.

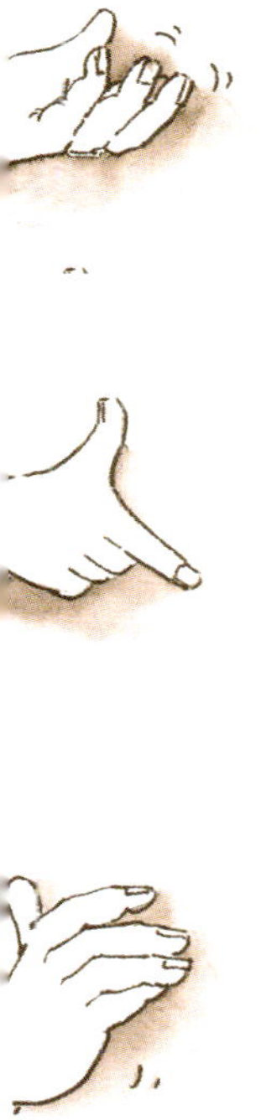

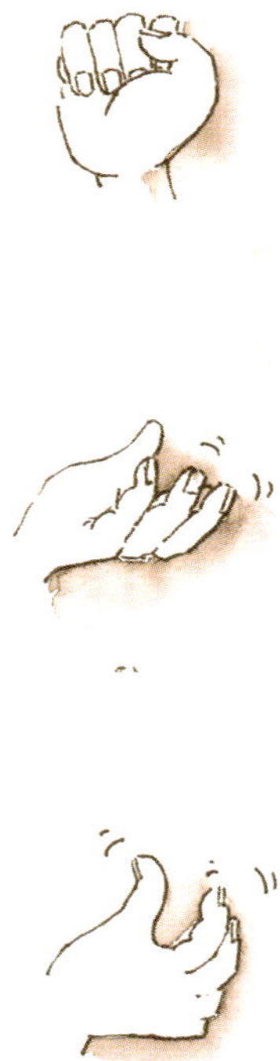

Hilfen zur Durchführung:

Frösche: Mit weit abgespreizten Fingern mit etwas Druck kleine Sprünge über den Rücken machen.

Fische: Mit der Handkante auf dem Rücken im Kreis herumfahren.

Gänse: Die Hände mit zusammengelegten Fingerspitzen im Gänsemarsch auf dem Rücken aufsetzen.

Grashüpfer: Mit den Spitzen je eines Fingers der rechten und linken Hand vorwärts hüpfen.

Raupen: Raupenartige Bewegungen mit der Hand durchführen, dabei immer wieder etwas vorwärts kommen.

Schmetterlinge: Mit den Fingerspitzen über den Rücken fahren und ihn nur ganz leicht berühren.

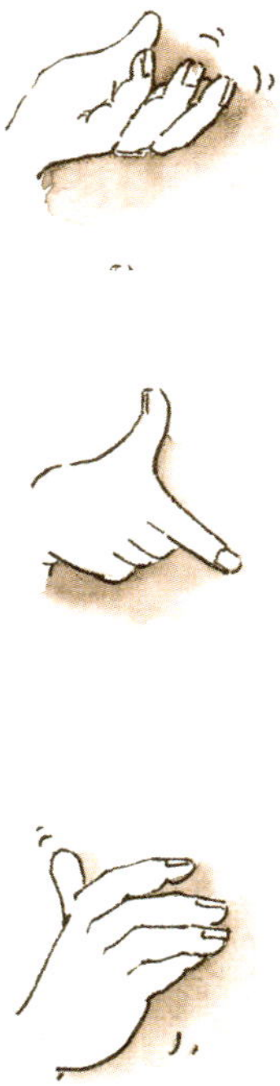

Ameisen: Mit allen Fingern, die Hände nebeneinander führend, über den Rücken krabbeln.

Blindschleichen: Die flachen Hände in Schlangenlinien über Rücken und Beine führen.

Hase: Mit beiden nebeneinander aufgesetzten Händen gleichzeitig auf den Rücken patschen, beim Hoppeln in kurzen Abständen, beim Trommeln schnell hintereinander.

Das Lied: Die Strophe wird mehrmals wiederholt, bis alle Tiere ihren Tanz auf dem Rücken ausgeführt haben.

Storch: Mit den flachen Händen in einigem Abstand über den Rücken laufen.

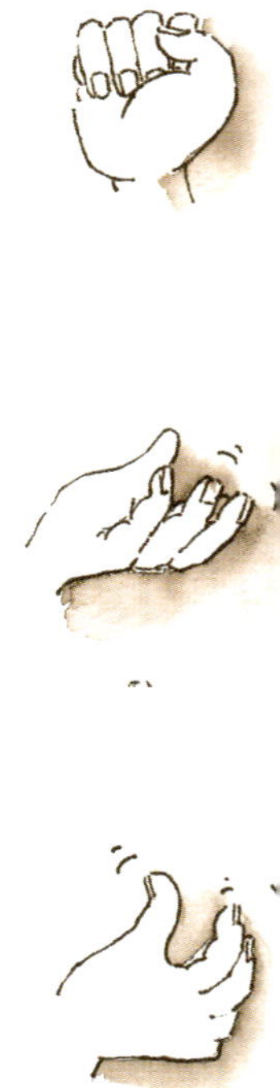

Wir bauen einen Parkplatz

Material: Keines, die Darstellung erfolgt mit den Händen auf dem Rücken des Partners.

Am Rande der Stadt wurde in den letzten Monaten ein großes Einkaufszentrum gebaut. Die Gebäude werden bald fertig sein und heute soll der große Parkplatz angelegt werden.

Ein schwerer Bagger wird eingesetzt, um die aufgehäuften Erdhügel auseinander zu schieben*. Der Baggerfahrer fährt* immer wieder hin und her und verteilt* die Erde gleichmäßig auf dem Gelände.

Wenn alles einigermaßen eben ist, kommt die Planierraupe. Sie drückt* die Erde fest zusammen, damit später auf dem Parkplatz keine Mulden entstehen können. Je häufiger die Planierraupe hin- und herfährt*, umso besser ist es.

Als Nächstes donnert* ein schwerer LKW heran, er lädt viele zerkleinerte Steine ab. Diese Stein, man nennt sie Schotter, werden wieder mit einem Bagger gleichmäßig auf der Fläche verteilt* und dann mit einer Walze fest zusammengedrückt*. Mehrmals muss die Walze über den Schotter fahren*, damit all die kleinen Steine schön dicht zusammenliegen.

Nun wird noch feiner Splitt auf die Steine gestreut* und dann mit einem Rüttler verdichtet*. Ratatata – ratatata – ratatata, mit großem Lärm rattert der Rüttler über den Platz und klopft* alles fest, was darauf liegt.

Endlich ist nun der Untergrund gut vorbereitet und die Teermaschine kann kommen. Die heiße Teermasse fließt* auf den Boden und wird mit der Maschine über die gesamte Breite des Platzes verteilt*. Wenn der Teer abgekühlt ist, rollt* die Dampfwalze mehrmals über den großen Platz.

Eigentlich ist der Parkplatz ja nun fast fertig. Aber den Bauherren ist es wichtig, dass einige grüne Bäume am Rande des Grundstücks stehen. Deshalb kommen jetzt zwei Gärtner, die ein paar Löcher an den freigelassenen Stellen graben*. Hier hinein setzen sie die jungen Bäume* und verfüllen* dann die Löcher mit Erde. Sie achten sorgfältig darauf, dass die Erde fest angedrückt* wird, damit die Bäume genügend Halt im Boden haben.

So, und was fehlt jetzt noch auf dem Parkplatz? Natürlich die Linien, damit später die Autos nicht kreuz und quer auf der Fläche herumstehen. Da es ein ziemlich großes Einkaufszentrum ist, werden auch viele Linien auf den Platz gemalt*.

Zwei Tage später wird das Zentrum eröffnet. Es kommen jede Menge Autos*, die alle auf dem schönen Parkplatz einparken*. Alle Menschen, die gekommen sind, Fahrer und Beifahrer*, kleine Kinder* und alte, gehbehinderte Menschen* steigen aus und gehen auf den dafür vorgesehenen Wegen in die Geschäfte.

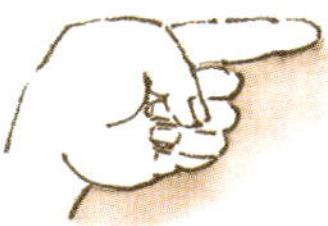
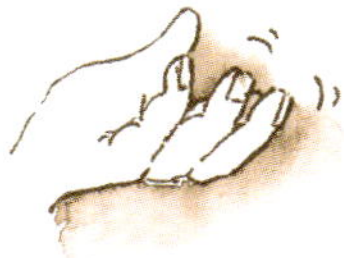
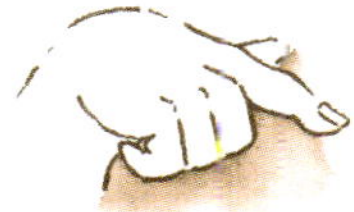
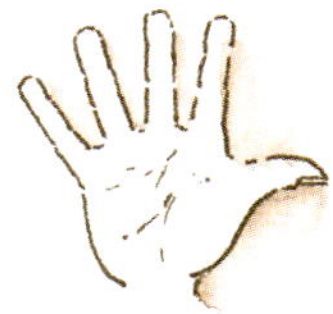

Hilfen zur Durchführung:

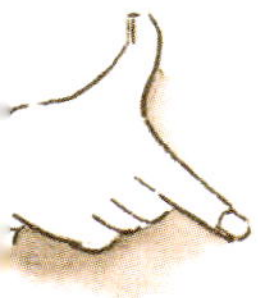

Bagger: Die Hände zu Schaufeln formen und über den Rücken schieben.

Planierraupe: Die Fläche mit beiden Handrücken von oben nach unten abziehen.

Walze: Die geballte Faust auf dem Rücken mehrmals abrollen.

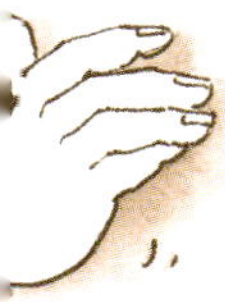

LKW: Eine flache Hand, von einem Bein ausgehend, über den Rücken schieben.

Den Splitt verteilen: Mit dem Handrücken flüchtig über alle Stellen des Rückens fahren.

Rüttler: Mit den Fäusten vorsichtig den Rücken abklopfen und dann mit den flachen Händen rütteln.

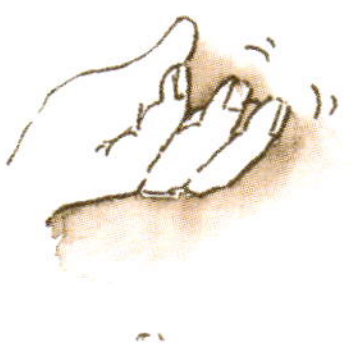
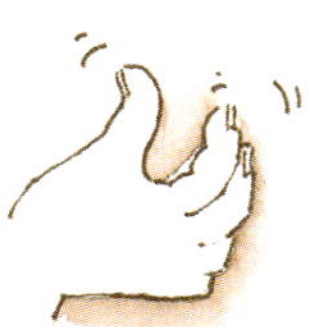
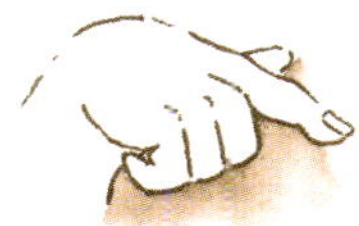
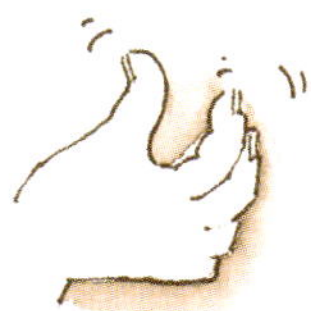

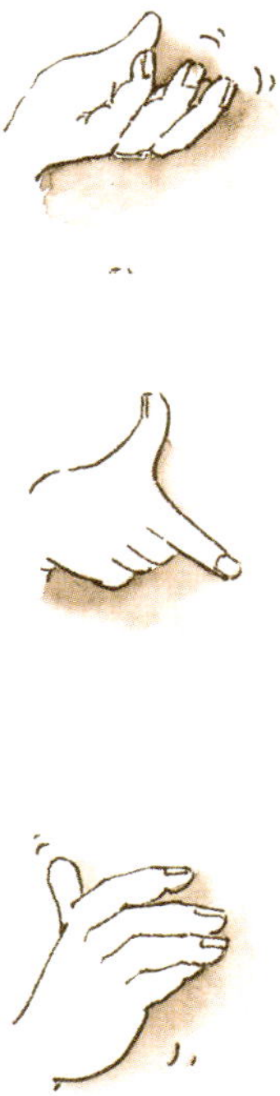

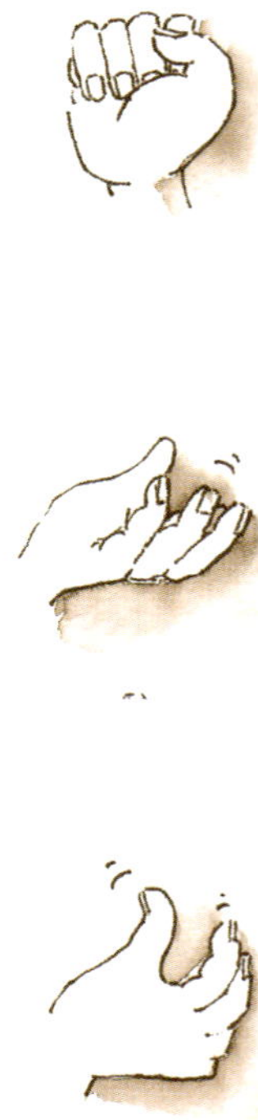

Teermaschine: Mit den flachen Händen von den Schultern zum Po über den Rücken streichen.

Löcher graben: Die Größe der Löcher aufmalen, dann mit den Fingern grabende Bewegungen machen.

Bäume pflanzen: In den Löchern mit dem Mittelfinger herumbohren.

Die Erde verfüllen: Mit einer Hand die Bewegungen des „Zerbröselns" nachahmen.

Die Linien malen: Mit dem Zeigefinger Linien aufmalen.

Autos fahren und Mit dem Zeigefinger die Fahrwege von Autos aufmalen, eventuell rückwärts einparken.

Leute gehen: Mit Zeigefinger und Mittelfinger über den Rücken marschieren, dabei die unterschiedlichen Personen durch differierende Geschwindigkeiten und Gewichte darstellen.

Das neue Rasenstück

Material: Keines.

Hinter einer alten Villa befindet sich ein riesengroßer, parkähnlicher Garten. Es ist lange her, dass sich jemand um diesen Garten gekümmert hat und so ist er mit der Zeit verwildert. Alles wächst kreuz und quer* durcheinander. Und nun soll ein neues Rasenstück angelegt werden.

Zuerst kommt ein Gärtner, der mit einem Bandmaß die Seitenlängen des Rasenstücks abmisst*. 10 x 15 m soll es groß werden. Er markiert* mit Holzstäben die vier Ecken*, damit der Helfer weiß, wie weit er graben muss.

Am nächsten Tag kommt eine Hilfskraft und gräbt* das große Stück Land um. Viele Spatenstiche muss er machen, bis alles umgepflügt ist. Vor uns liegen nun dicke Erdklumpen*, in denen wir viele Tiere entdecken können. Es sind Tiere, die unter der Erde wohnen.

Einige Regenwürmer schlängeln sich* durch die dunklen Schollen, sie versuchen, sich schnell wieder unter der Erde zu verstecken*, denn wenn sie der Wärme ausgesetzt sind, können sie schnell austrocknen. Auch verschiedene Käfer krabbeln* aufgeregt umher. Da die meisten von ihnen nicht gut sehen können, wissen sie nicht, wohin sie fliehen sollen.

Der Arbeiter kommt jetzt mit einer Hacke herbei und hackt* die großen Erdklumpen etwas kleiner. Danach nimmt er einen Rechen und zieht die Oberfläche glatt* . So, jetzt ist alles vorbereitet und der Grassamen kann verteilt* werden. Beim Säen muss man sehr behutsam vorgehen, denn der Grassamen ist sehr leicht* und kann schnell vom Wind weggeweht werden. Also wird er mit kurzen Brettern, die unter die Schuhe geschnallt werden, Stück für Stück festgetreten*.

Endlich sind die Arbeiten, die nötig sind, um ein Stück Rasen anzulegen, fertig. Wenn es regnet* und wenn die Sonne den Erdboden erwärmt*, quellen die Samen auf und der Rasen beginnt zu wachsen.

Aber noch sieht man kein einziges Grashälmchen. Hin und wieder kommt jemand zu Besuch vorbei. Einmal beobachte ich, wie eine grau getigerte Katze behutsam und sacht mit ihren samtenen Pfoten über den gerade aufgehenden Rasen schleicht*.

Ein anderes Mal erwische ich einige Spatzen dabei, wie sie die Grassamen wieder aus der Erde picken*, weil sie keine Lust haben, sich anderswo Futter zu suchen.

Eine Schnecke mit einem Haus auf dem Rücken kriecht* ganz langsam quer über den noch ziemlich empfindlichen Rasen. Aber das hat dem Rasen zum Glück nichts ausgemacht.

Seit letzter Woche ist nun schon ein grüner Schimmer über dem Erdboden sichtbar. Als ein leichter Wind weht*, kann ich erkennen, wie sich die hellgrünen, dünnen Halme im Luftzug wiegen.

Es wird gar nicht mehr lange dauern, dann kann ich mich auf den Rasen in die Sonne legen und auf ihm herumtollen*.

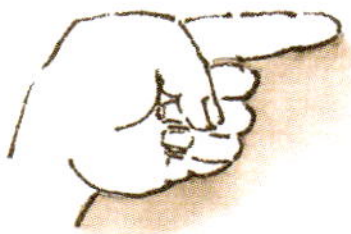
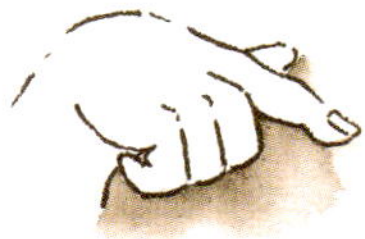
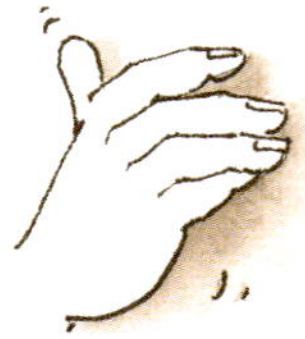

Hilfen zur Durchführung:

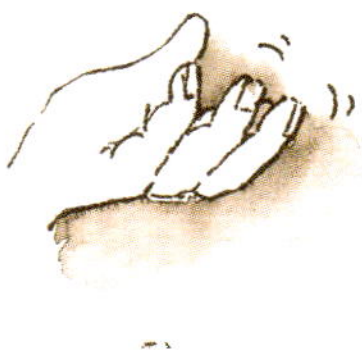

Abmessen: Mit dem Zeigefinger ein großes Rechteck auf den Rücken malen.

Die Ecken markieren: An den vier Ecken mit einem Finger fest drücken, den Finger dabei hin- und herbewegen.

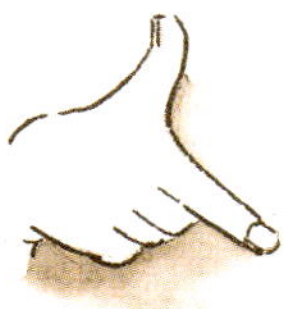

Umgraben: Mit den Fingerspitzen der flachen Hand schräg nach unten „graben".

Regenwürmer: Schlangenlinien malen.

Käfer: Mit den Fingerspitzen vorwärts krabbeln.

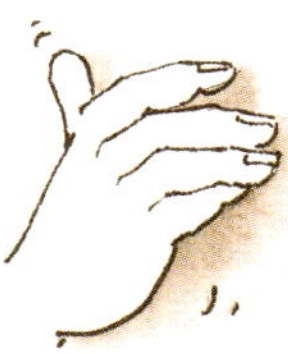

Hacken: Mit den Fingerknochen der geballten Faust leicht klopfen.

Rechen: Die aufgestellten Fingerspitzen von oben nach unten, von rechts nach links ziehen.

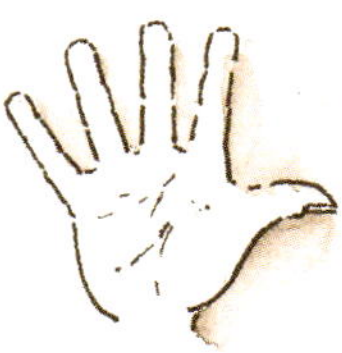

Säen: Den Rücken mit den Fingerkuppen nur ganz leicht berühren.

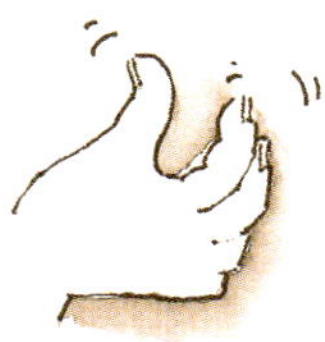
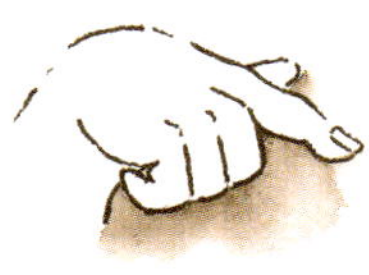

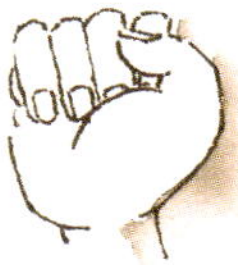
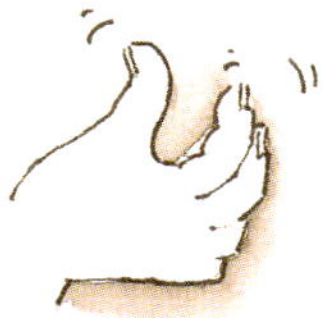
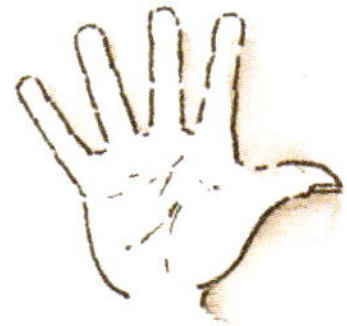

Festtreten: Fest mit den flachen Händen Druck ausüben.

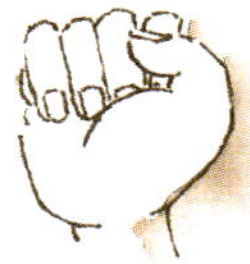

Die Sonne erwärmt: Die flachen Hände auflegen und einige Zeit liegen lassen.

Katze: Handballen mit sanftem Druck aufsetzen.

Die Vögel picken: Mit Daumen und Zeigefinger vorsichtig zwicken.

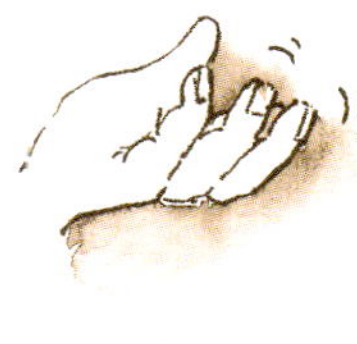

Kriechende Schnecke: Die flache Hand mit wenig Druck über den Rücken schieben.

Die Halme wiegen sich im Wind: Mit einer Fingerspitze leichte Bögen auf den Rücken malen.

Herumtollen: Mit den Fingerspitzen auf Schultern, Po, Beinen und Armen umherhüpfen.

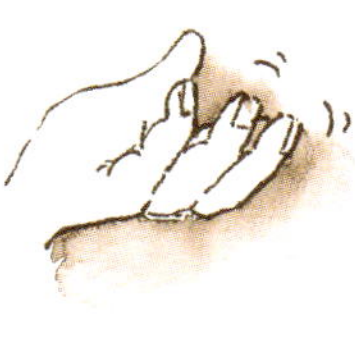

Krach im Orchester

Material: Keines.

Die Musiker, die eben noch für ein Konzert geprobt haben, sind in die Pause gegangen und haben ihre Instrumente im Probenraum zurückgelassen.

Als der letzte Musikant die Tür hinter sich geschlossen hat, ist es für einen Moment mucksmäuschenstill. Doch dann stellt sich der große Bass aufrecht hin und stapft* wütend im Raum umher. Er brummelt laut vor sich hin: „So ein blödes Musikstück, das gefällt mir ganz und gar nicht, immer müssen wir nur das spielen, was der Dirigent will! Ich möchte so gern einmal etwas Lustiges spielen."

„Ich auch", trällert die kleine Flöte und trippelt* aufgeregt umher, „mir gefällt traurige Musik nämlich überhaupt nicht. Wenn ich hier etwas zu sagen hätte, dann würden wir bestimmt nur fröhliche Musik machen."

„Ihr wollt immer nur flotte und freche Musikstücke spielen, ich aber eigne mich viel besser für ganz langsame und feierliche Musik. Ich will euch einmal zeigen, wie ich das meine", sagt mit tiefer Stimme das Fagott, schreitet feierlich* durch den Raum und gibt den anderen ein Beispiel.

„Nun mal ganz langsam", melden sich die Geigen zu Wort und streichen* mit ihren Geigenbögen würdevoll durch den Saal. „Wir Geigen spielen, wie ihr wisst, in einem Orchester die wichtigste Rolle und deshalb bemühen wir uns immer darum, dass hier gute Laune herrscht. Lasst uns ganz ruhig überlegen, was wir tun können, damit alle zufrieden sind."

Empört macht sich die große Pauke auf den Weg zu den anderen Instrumenten und schlägt* mit ihrem Klöppel im Takt dazu. „Bum, bum, bum, bum, mir ist schon klar, dass die vornehmen Geigen am liebsten immer nur sacht umherstreichen* möchten, aber wir anderen, wir haben auch unsere Wünsche. Bum, bum, bum, bum. Was meinst du, Cousine Trommel?"

„Ratata-tam, ratata-tam, ich wünsche mir einen richtig schönen Trommelwirbel. Da könnte ich endlich einmal zeigen, was ich alles kann." Die Trommel marschiert im Probensaal umher und begleitet* sich dazu selbst.

Die elegante Harfe, die jeden Streit vermeiden will, streicht* immer wieder sanft und beruhigend über ihre Saiten. Ihre Musik schwebt fast in der Luft. Die anderen Instrumente lassen sich von ihrer Musik, die wie ein leichter Luftzug erscheint, beeindrucken und beinahe wären sie sogar eingeschlafen.

Zum Glück aber gibt es ja noch das Klavier, und das will auch seine Meinung zur Diskussion beitragen. Zuerst macht es auf sich aufmerksam, indem es wie auf einer Leiter von oben nach unten alle Tasten in einem Rutsch herunterdrückt*.

Die anderen Musikinstrumente horchen erschrocken auf und hören zu, was das Klavier mitzuteilen hat. Es klimpert* vergnügt auf seiner Tastatur herum und sagt: „Wisst ihr was, ohne Dirigenten könnten wir überhaupt nicht gemeinsam Musik machen, denn dann würde jeder das spielen, was ihm gerade einfällt und das gäbe ein fürchterliches Durcheinander. Wir wollen das einmal ausprobieren* und dann werdet ihr ja sehen, wie es sich anhört*."

Da kann man sich leicht vorstellen, welche Katzenmusik nun erklang! Alle Instrumente waren froh, als der Dirigent und die Musiker wieder aus der Pause kamen und die Musik geordnet und wohlklingend fortsetzten. Das Stück, das sie gemeinsam spielten, hieß übrigens: „Was müssen das für Bäume sein, wo die großen Elefanten spazieren gehen, ohne sich zu stoßen?"

Hilfen zur Durchführung:

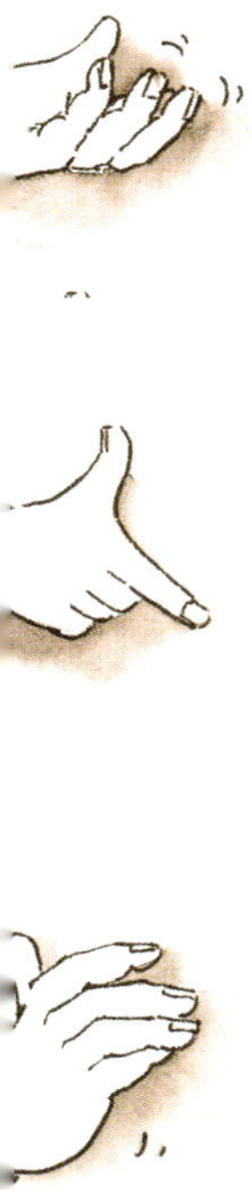

Bass:	Mit der Faust fest aufdrückend über den Rücken marschieren.
Flöte:	Die Finger über den Rücken tanzen lassen.
Fagott:	Mit der flachen Hand an vielen Stellen auf den Rücken drücken.
Geige:	Von oben nach unten, von rechts nach links über den Rücken streichen
Pauke:	Mit den Handballen an unterschiedlichen Stellen Druck ausüben.
Trommel:	Mit allen Fingern den Trommelrhythmus nachahmen.
Harfe:	Ganz leicht mit den Fingerspitzen über den Rücken fahren.
Klavier:	1. Mit dem Daumennagel von oben nach unten rutschen. 2. Auf dem Rücken herumklimpern.

Bildnachweis

Umschlaggestaltung: Birgit Engelen, Stolberg
Zeichnungen: Kathrin Klotzki-Progri